Este libro pertenece a:
This book belongs to :

Aprende inglés de una manera divertida con este libro de palabras

Este libro contiene un total de 66 grillas de palabras mezcladas con soluciones

Traducir todas las palabras de cada cuadrícula

Un completo léxico de las 1000 palabras más comunes

Una gran manera de divertirse, relajarse y aprender el lenguaje de Shakespeare

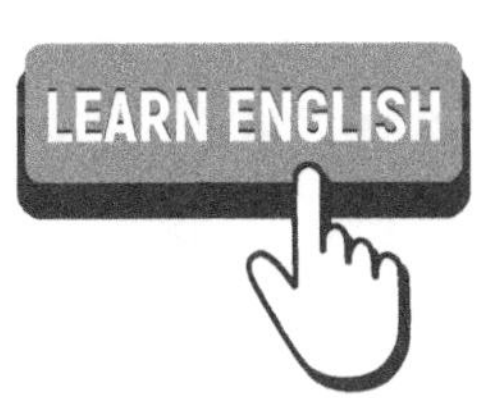

Muchas gracias por comprar nuestro libro de palabras

¿Podría dejar un comentario? Nos encantaría escuchar sus comentarios, opiniones y consejos para crear mejores productos y servicios para usted!

Lista de palabras 1

```
N  Y  L  O  J  V  W  H  C  R  Z  U  G  Z
T  O  R  A  B  I  L  I  T  Y  L  G  B  A
O  B  I  M  V  F  M  A  H  S  O  L  M  A
D  A  Z  T  G  A  A  C  C  O  U  N  T  B
O  X  C  S  A  V  B  R  N  D  Z  W  E  L
A  Y  A  C  M  R  P  O  S  O  L  F  D  E
C  T  A  C  O  A  T  S  U  K  I  J  N  B
C  I  D  N  T  R  C  S  J  T  D  T  H  C
E  V  D  C  A  U  D  T  I  O  Y  A  C  J
P  I  R  Z  A  D  A  I  F  N  Y  H  F  A
T  T  E  O  B  O  D  L  N  Q  I  L  I  H
F  C  S  Y  O  D  J  T  L  G  Y  M  S  T
D  A  S  N  V  Q  U  Y  M  Y  I  M  D  U
S  P  W  S  E  I  U  V  X  Y  F  E  S  A
```

ability	_____	able	_____	about	_____
above	_____	accept	_____	according	_____
account	_____	across	_____	act	_____
action	_____	activity	_____	actually	_____
add	_____	address	_____	administration	_____

Lista de palabras 2

```
U  B  K  N  Q  A  U  T  X  Z  P  D  D  E
A  D  M  I  T  L  G  A  S  Q  A  Y  P  D
B  X  A  D  U  L  T  E  H  N  O  I  A  O
G  W  A  M  X  X  F  L  C  D  I  E  K  T
Q  H  G  K  G  A  K  H  O  B  H  A  B  L
D  R  R  Y  I  W  L  W  I  A  D  Q  G  A
Q  G  E  R  O  A  L  L  W  A  M  O  T  A
W  I  E  R  F  S  F  R  U  G  L  I  D  G
A  L  M  T  A  N  G  P  R  R  G  P  E  E
G  O  E  G  Q  X  J  N  S  E  I  X  W  N
E  R  N  P  Y  A  F  I  D  E  J  S  L  T
N  D  T  Y  G  G  K  A  F  F  E  C  T  M
C  F  Q  O  J  H  N  G  F  E  E  S  F  P
Y  E  D  X  Z  Y  F  A  A  G  U  B  P  X
```

admit ______	adult ______	affect ______	
after ______	again ______	against ______	
age ______	agency ______	agent ______	
ago ______	agree ______	agreement ______	
ahead ______	air ______	all ______	

Lista de palabras 3

```
F  D  N  A  W  W  G  U  Y  V  I  I  I  R
D  C  R  I  G  N  I  A  L  A  W  N  H  U
H  S  B  F  O  G  A  L  L  A  Z  G  A  U
Y  B  M  L  A  R  P  M  T  L  U  E  N  Q
H  R  A  A  O  I  R  O  O  O  L  U  I  R
N  S  Y  A  W  L  A  S  H  U  R  U  M  A
M  M  J  Y  F  M  R  T  S  P  N  Z  A  M
O  A  L  P  D  E  L  I  C  M  R  T  L  E
A  W  J  C  H  A  S  P  R  G  E  H  Y  R
F  O  A  T  A  Y  K  N  W  N  H  W  U  I
C  M  O  L  L  L  C  X  Q  O  V  Q  S  C
W  N  Y  A  S  I  O  Z  Q  M  L  X  C  A
A  T  N  T  I  O  U  N  B  A  V  L  S  N
L  A  F  G  V  A  L  R  E  A  D  Y  A  Y
```

allow	_____	almost	_____	alone		_____
along	_____	already	_____	also		_____
although	_____	always	_____	American		_____
among	_____	amount	_____	analysis		_____
and	_____	animal	_____	another		_____

Lista de palabras 4

```
W  O  P  K  I  W  E  V  G  Y  E  W  M  X
A  H  A  R  T  S  T  N  J  C  S  K  B  Y
K  P  X  K  K  B  I  A  P  P  L  Y  Z  Q
J  S  P  D  A  H  N  F  T  G  O  Z  D  H
U  T  O  E  T  P  Y  L  L  Y  Y  E  R  Q
E  E  Y  Y  A  R  P  A  A  N  A  Z  E  P
L  F  N  A  S  R  R  R  E  N  A  R  R  Y
C  A  D  G  C  O  E  M  O  R  S  B  E  R
I  S  N  L  U  N  R  V  R  A  P  W  S  A
T  F  P  N  O  Q  P  I  Z  I  C  Z  E  O
R  P  D  Y  L  P  V  W  T  Y  Y  H  P  R
A  C  N  R  G  E  O  D  J  M  W  N  J  L
R  A  D  T  L  D  R  Q  Z  A  M  X  A  Y
A  R  T  I  S  T  D  B  A  R  G  U  E  Z
```

answer _____	any _____	anyone _____	
anything _____	appear _____	apply _____	
approach _____	area _____	argue _____	
arm _____	around _____	arrive _____	
art _____	article _____	artist _____	

Lista de palabras 5

```
X  A  R  O  E  C  N  E  I  D  U  A  Z  U
A  U  D  A  Y  T  A  H  D  S  H  E  S  F
O  T  W  S  S  F  V  T  A  W  A  Y  A  U
W  H  T  W  S  K  E  N  T  A  Q  B  I  T
Z  O  B  E  H  Q  A  M  V  O  B  A  C  K
D  R  B  U  N  K  Z  A  U  A  R  J  O  V
U  I  L  A  Z  T  I  W  E  S  O  N  W  W
N  T  O  G  B  L  I  A  V  A  S  C  E  Z
F  Y  I  V  A  Y  L  O  U  T  H  A  S  Y
S  W  Q  B  A  V  Z  R  N  T  D  M  K  W
Q  X  L  U  L  H  B  T  Z  A  H  T  R  J
J  E  G  Q  K  P  A  Q  R  C  Z  O  U  N
K  P  K  K  Z  I  E  F  B  K  E  B  R  O
N  S  V  G  C  J  O  H  A  N  J  V  P  P
```

as	_____	ask	_____	assume	_____
at	_____	attack	_____	attention	_____
attorney	_____	audience	_____	author	_____
authority	_____	available	_____	avoid	_____
away	_____	baby	_____	back	_____

Lista de palabras 6

H	L	U	O	B	E	A	T	H	G	J	Z	Y	I
M	R	F	H	U	C	E	R	O	F	E	B	U	I
B	B	U	B	O	E	B	Q	B	A	D	N	E	P
E	N	J	E	V	N	O	D	Z	P	W	E	J	A
C	H	N	U	I	N	K	P	B	F	C	P	A	K
O	I	O	G	G	V	G	T	A	A	A	Q	J	N
M	G	E	W	L	C	A	J	C	R	G	L	L	Q
E	B	L	U	F	I	T	U	A	E	B	Z	L	D
V	Z	Z	W	U	G	B	E	D	P	S	U	Q	Y
S	E	S	U	A	C	E	B	K	E	K	A	H	D
K	S	R	O	I	V	A	H	E	B	L	P	B	M
N	N	B	S	S	N	Z	S	X	L	Q	X	K	D
Y	J	A	C	F	Q	I	X	A	U	V	P	H	B
I	E	R	B	D	X	P	B	Y	H	E	Q	J	U

bad _____	bag _____	ball _____	
bank _____	bar _____	base _____	
be _____	beat _____	beautiful _____	
because _____	become _____	bed _____	
before _____	begin _____	behavior _____	

Lista de palabras 7

L	E	H	M	N	E	E	W	T	E	B	J	R	D
I	V	Y	Q	X	B	I	L	L	I	O	N	D	L
O	E	L	S	P	L	B	K	B	U	V	X	L	C
B	I	T	O	L	E	B	V	E	F	B	I	N	Z
M	L	I	Y	T	L	S	N	Y	B	B	I	L	H
Q	E	B	T	O	E	M	Q	O	G	E	R	G	A
Z	B	E	O	C	J	X	M	N	E	J	S	R	F
S	R	D	G	E	M	A	K	D	Y	K	Z	T	R
R	K	L	E	M	P	L	J	Y	Y	D	Z	K	K
W	B	U	V	C	B	Z	O	X	F	L	C	H	T
M	L	I	B	E	H	I	N	D	T	A	M	I	A
B	L	J	W	D	R	A	O	B	L	W	G	Z	C
B	E	N	E	F	I	T	E	B	B	O	A	B	A
C	B	T	I	B	I	G	T	Q	K	T	C	U	I

behind _____	believe _____	benefit _____	
best _____	better _____	between _____	
beyond _____	big _____	bill _____	
billion _____	bit _____	black _____	
blood _____	blue _____	board _____	

Lista de palabras 8

```
B  Z  S  B  U  S  I  N  E  S  S  B  W  L
L  I  D  P  B  O  D  Y  B  P  M  Y  G  N
A  R  E  M  A  C  C  U  R  Q  V  T  E  S
Z  Q  P  H  H  A  F  N  E  Y  Q  L  F  Z
B  I  W  R  L  R  R  G  A  U  U  M  N  V
I  U  X  L  Y  O  N  J  K  M  G  N  D  E
W  H  T  O  B  I  Z  R  E  H  T  O  R  B
N  T  B  K  R  B  Y  D  L  I  U  B  U  U
P  L  D  B  H  W  B  A  X  Y  M  I  R  N
W  Y  X  V  P  E  E  P  B  J  L  N  A  L
S  O  F  T  K  G  C  V  O  D  O  F  P  K
B  A  N  O  O  A  Q  J  I  K  Z  Y  P  E
X  K  F  N  O  A  Y  N  T  E  G  D  U  B
H  K  E  T  B  Q  G  F  Z  T  C  A  G  K
```

body	_____	book	_____	born	_____
both	_____	box	_____	boy	_____
break	_____	bring	_____	brother	_____
budget	_____	build	_____	building	_____
business	_____	call	_____	camera	_____

Lista de palabras 9

```
F  P  C  C  F  S  D  E  S  X  G  S  U  Z
N  C  F  E  I  U  L  S  K  Y  L  Y  N  C
V  A  G  N  L  L  U  U  C  H  B  R  M  A
U  M  D  T  B  J  D  A  J  X  A  R  P  S
C  P  J  E  V  A  N  C  Z  I  V  A  A  E
A  A  Q  R  N  D  F  Z  R  N  C  C  D  C
T  I  H  T  I  C  P  R  G  K  P  A  H  Q
C  G  U  D  A  W  E  H  L  L  E  C  R  B
H  N  A  R  R  C  B  M  D  C  Z  Z  S  E
D  T  E  C  N  X  O  P  C  A  J  G  R  B
E  E  C  A  A  R  T  A  A  R  T  I  S  R
R  M  C  X  M  N  C  M  R  D  H  W  N  N
P  U  K  M  C  Z  R  D  R  V  I  Z  S  H
C  A  X  F  C  A  P  I  T  A  L  J  C  N
```

campaign______	can ______	______ cancer	______
candidate______	capital ______	______ car	______
card ______	care ______	______ career	______
carry ______	case ______	______ catch	______
cause ______	cell ______	______ center	______

Lista de palabras 10

```
C  H  A  N  C  E  Y  R  U  T  N  E  C  I
E  Z  D  E  C  J  Q  M  B  Y  J  D  K  L
K  S  T  L  S  H  M  Z  L  O  H  U  C  A
Q  C  R  X  I  F  E  N  C  W  B  H  A  R
S  Z  H  Q  O  H  I  C  I  H  A  N  E  T
U  I  F  Y  U  A  C  T  K  R  O  S  P  N
Y  G  G  D  T  B  H  X  G  Z  O  I  W  E
C  H  A  R  A  C  T  E  R  O  K  H  C  C
S  H  E  R  R  C  Q  E  H  I  S  W  R  E
X  C  R  U  R  Z  H  C  G  N  J  A  T  D
F  W  H  Y  K  M  P  A  N  N  I  X  G  V
I  C  V  K  A  C  C  W  I  Z  A  H  C  Q
C  E  R  T  A  I  N  R  I  R  N  H  G  K
C  H  A  L  L  E  N  G  E  O  O  I  C  S
```

central ______	century ______	certain ______	
certainly ______	chair ______	challenge ______	
chance ______	change ______	character ______	
charge ______	check ______	child ______	
choice ______	choose ______	church ______	

Lista de palabras 11

M	C	Q	T	D	N	X	S	Q	A	A	P	D	U
T	I	L	X	O	V	L	Y	H	E	S	O	L	C
C	A	A	E	M	P	K	R	G	B	L	C	D	K
O	C	L	L	A	C	L	A	S	S	D	L	J	I
L	F	O	S	C	R	E	A	C	L	E	E	U	B
L	U	M	M	B	Q	C	L	O	I	T	A	U	K
E	H	G	T	E	X	I	C	M	V	P	R	W	A
C	F	C	Y	T	C	T	B	M	I	D	L	V	E
T	I	I	A	O	M	Y	V	E	C	J	Y	L	G
I	A	T	L	O	D	O	K	R	X	E	W	G	E
O	V	O	I	K	C	F	C	C	M	O	P	G	L
N	R	Y	R	Z	Y	A	I	I	T	B	G	O	L
Q	T	F	M	Y	E	C	R	A	W	Z	C	C	O
A	M	D	O	Z	B	N	B	L	D	T	I	M	C

citizen _____	city _____	civil _____	
claim _____	class _____	clear _____	
clearly _____	close _____	coach _____	
cold _____	collection _____	college _____	
color _____	come _____	commercial _____	

Lista de palabras 12

```
W  J  C  N  M  O  H  A  L  O  S  Q  F  D
W  E  C  O  O  L  R  E  T  U  P  M  O  C
Y  C  C  O  N  M  A  C  Z  H  O  S  P  W
C  L  O  C  M  C  M  H  X  C  U  S  T  T
M  O  O  N  O  P  E  O  A  O  A  C  N  Y
B  U  M  R  T  N  A  R  C  N  I  R  O  N
E  R  R  M  T  I  S  N  N  F  B  Q  I  H
R  E  E  C  U  N  N  U  Y  E  P  O  T  I
A  A  J  D  O  N  O  U  M  R  R  C  I  U
P  W  C  N  I  N  I  C  E  E  I  C  D  I
M  A  I  O  P  S  T  T  Y  N  R  L  N  H
O  S  A  L  S  L  N  A  Y  C  B  L  O  T
C  G  T  H  T  T  D  O  I  E  Q  F  C  U
U  S  S  E  R  G  N  O  C  N  E  Y  O  H
```

common______	community______	company	______
compare______	computer______	concern	______
condition______	conference______	Congress	______
consider______	consumer______	contain	______
continue______	control ______	cost	______

Lista de palabras 13

Y	J	P	P	K	R	S	Y	C	X	G	Y	Q	C
A	T	A	D	E	K	C	U	L	T	U	R	A	L
U	C	O	X	R	Q	R	Q	Z	T	H	P	F	O
C	D	U	A	E	R	I	N	D	U	X	I	P	C
O	P	D	S	E	R	R	E	V	O	C	M	S	R
U	D	E	N	T	M	U	M	S	I	S	N	V	E
P	P	T	Z	T	O	L	T	H	V	M	Z	H	A
L	O	C	H	L	B	M	C	L	F	U	I	R	T
E	L	V	N	G	Y	H	E	O	U	T	L	L	E
C	O	U	L	D	K	G	P	R	U	C	E	A	Y
K	U	E	A	T	R	U	O	C	X	R	U	O	I
Y	P	R	V	C	C	C	T	Q	E	K	S	S	T
Y	Q	N	D	S	C	O	U	N	T	R	Y	E	D
E	M	I	R	C	M	X	P	P	S	Q	K	K	T

could _______ country _______ couple _______

course _______ court _______ cover _______

create _______ crime _______ cultural _______

culture _______ cup _______ current _______

customer _______ dark _______ data _______

Lista de palabras 14

```
S  W  C  G  L  O  R  D  B  T  J  K  D  U
I  L  R  D  T  P  P  D  J  F  M  Q  W  C
T  R  E  E  F  T  D  E  E  R  I  O  T  F
C  D  T  S  L  P  E  C  K  F  A  C  G  B
R  E  H  C  B  M  B  I  E  D  E  Y  X  I
R  M  G  R  L  L  A  D  D  P  G  N  H  J
D  O  U  I  M  D  T  E  E  U  R  F  S  F
E  C  A  B  J  W  E  E  C  O  P  H  D  E
M  R  D  E  S  R  D  W  A  T  T  E  O  V
O  A  D  E  G  R  E  E  D  A  A  G  C  B
C  T  D  J  I  G  N  I  E  L  B  Q  B  G
R  I  D  A  Y  K  N  D  B  H  I  Y  W  L
A  C  J  V  E  D  E  C  I  S  I  O  N  S
T  F  L  Q  Q  D  M  V  U  A  B  S  U  A
```

daughter _____	day _____	dead _____	_____
deal _____	death _____	debate _____	_____
decade _____	decide _____	decision _____	_____
deep _____	defense _____	degree _____	_____
Democrat _____	democra<u>tic</u> _____	describe	_____

Lista de palabras 15

```
D  I  N  N  E  R  E  V  O  C  S  I  D  T
T  W  G  E  M  S  E  I  D  H  B  D  N  D
L  D  I  F  F  E  R  E  N  C  E  E  E  I
S  I  D  E  S  I  G  N  I  A  M  T  Q  R
S  R  B  J  I  G  D  Q  I  P  A  V  N  E
U  A  S  B  U  C  B  V  O  I  A  I  O  C
C  H  R  P  B  U  Y  L  L  K  D  G  I  T
S  E  D  I  F  F  E  R  E  N  T  P  T  O
I  T  O  J  N  V  F  C  B  Z  O  R  C  R
D  I  N  P  E  T  A  M  C  L  W  N  E  X
T  P  L  D  Z  C  B  F  E  F  D  G  R  U
Y  S  O  O  Z  R  Z  V  S  U  Y  J  I  Z
F  E  N  I  M  R  E  T  E  D  K  R  D  Y
V  D  O  L  M  D  I  F  F  I  C  U  L  T
```

design ____	despite ____	detail ____
determine ____	develop ____	development ____
die ____	difference ____	different ____
difficult ____	dinner ____	direction ____
director ____	discover ____	discuss ____

Lista de palabras 16

```
D  O  W  N  M  M  F  M  D  E  U  C  J  T
T  N  L  X  U  V  D  G  R  P  V  R  W  P
S  X  V  U  T  C  U  S  O  D  R  I  R  I
Y  D  H  S  D  W  X  R  P  D  R  A  R  D
L  I  E  N  G  O  N  G  T  O  R  A  Q  D
R  S  S  C  U  U  O  P  Q  C  H  Y  W  H
A  E  N  Z  Q  P  R  R  D  T  O  D  L  E
E  A  R  B  Z  B  N  D  Y  O  T  H  O  E
S  S  E  B  L  I  G  S  U  R  O  O  A  G
B  E  D  U  R  I  N  G  Y  D  M  C  T  Z
A  K  C  T  V  Z  S  M  J  X  H  O  P  R
N  G  V  F  D  R  E  A  M  G  T  O  M  I
X  H  S  I  L  J  I  E  F  B  F  E  V  O
P  D  I  S  C  U  S  S  I  O  N  D  L  V
```

discussion ___	disease ___	do ___	___
doctor ___	dog ___	door ___	___
down ___	draw ___	dream ___	___
drive ___	drop ___	drug ___	___
during ___	each ___	early ___	___

Lista de palabras 17

```
L E L E L E C T I O N A R E
R U F E P W S C M R U Z T C
X U P F G U B H Q G U X H O
E K E Z E D G E Y V E J N N
A E L A N C P A C Z N O G O
S E E E S D T T A O I B L M
Y T E E M T P T C T N Y D I
M N L Y A A R S A F U O Z C
P S X W O O Y C Y J M V M H
E T T J F L U E C U F F V Y
E Q K F A D P Q E I G H T E
Z W E W E Y N M Q A C T M G
I U W J B B B J E R Y B V D
B O Y R E I T H E R K L X E
```

east _____	easy _____	eat _____	_____
economic _____	economy _____	edge _____	_____
education _____	effect _____	effort _____	_____
eight _____	either _____	election _____	_____
else _____	employee _____	end _____	_____

Lista de palabras 18

```
R  D  N  E  M  O  S  E  N  O  U  G  H  X
Z  U  J  Q  N  S  E  E  J  I  O  E  U  L
N  E  V  E  X  V  I  C  R  B  D  M  A  E
S  E  S  P  E  C  I  A  L  L  Y  T  R  N
A  N  Z  S  T  U  O  R  B  V  N  I  I  T
B  P  R  N  E  L  N  H  O  E  T  V  C  E
X  Z  E  D  V  S  E  M  M  N  E  O  V  R
U  V  O  R  G  N  T  N  E  V  M  E  Z  T
E  G  Z  V  E  Y  O  A  E  C  R  E  O  J
V  A  E  R  Y  R  P  N  B  Y  L  F  N  J
E  O  G  O  I  U  I  T  B  L  M  C  S  T
R  Y  J  V  G  N  N  O  O  Y  I  Y  N  B
Y  N  N  P  G  K  D  K  G  V  G  S  K  I
E  E  P  V  U  Y  P  E  V  E  R  Y  H  U
```

energy	_____	enjoy	_____	enough	_____
enter	_____	entire	_____	environment	_____
environmental	_____	especially	_____	establish	_____
even	_____	evening	_____	event	_____
ever	_____	every	_____	everybody	_____

Lista de palabras 19

```
Y  D  Z  K  A  T  G  I  I  T  E  B  K  A
L  J  C  E  X  P  E  C  T  L  V  Y  T  Y
K  N  L  K  R  F  E  R  P  W  I  Z  R  E
Y  X  I  P  M  D  W  M  L  U  T  F  E  V
D  Z  F  A  U  V  A  K  P  X  U  A  P  E
O  C  E  G  L  X  R  S  N  A  C  C  X  R
O  A  L  Z  E  P  L  P  B  K  E  E  E  Y
Z  Y  D  X  G  V  X  L  B  D  X  R  Q  T
X  Y  I  S  J  L  N  E  E  Y  E  O  R  H
C  S  E  V  I  D  E  N  C  E  O  K  A  I
T  E  V  E  R  Y  O  N  E  M  O  D  I  N
E  X  P  E  R  I  E  N  C  E  E  X  P  G
X  H  F  A  C  T  O  R  F  A  C  T  W  N
M  C  S  H  V  H  Q  E  X  A  C  T  L  Y
```

everyone _____	everything _____	evidence	_____
exactly _____	example _____	executive	_____
exist _____	expect _____	experience	_____
expert _____	explain _____	eye	_____
face _____	fact _____	factor	_____

Lista de palabras 20

E	A	T	S	F	A	M	I	L	Y	P	B	M	W
T	N	S	V	F	W	A	P	R	N	D	V	L	J
C	K	A	Y	U	O	U	K	D	W	N	E	E	Z
E	D	F	Z	E	Y	T	U	R	E	E	F	E	X
H	U	R	G	X	E	O	E	Q	F	I	M	F	O
H	R	N	F	I	G	H	T	U	G	F	Z	W	M
T	F	Z	L	C	T	E	V	U	P	A	S	R	E
X	L	O	F	A	D	F	R	D	K	L	L	E	O
W	O	D	F	I	V	E	A	I	U	L	A	B	N
J	R	J	E	W	L	J	R	R	D	W	R	T	B
M	J	F	R	Q	B	L	R	L	F	G	E	Z	R
M	H	M	L	I	A	F	E	X	V	B	D	A	S
S	E	F	E	E	L	I	N	G	M	M	E	I	X
S	I	I	J	X	F	H	Y	Y	A	F	F	N	D

fail	fall	family	
far	fast	father	
fear	federal	feel	
feeling	few	field	
fight	figure	fill	

Lista de palabras 21

```
Z  C  J  O  E  G  G  U  P  J  V  T  U  F
D  G  X  R  Y  Z  P  F  L  O  O  R  I  H
P  F  I  F  T  D  F  J  W  N  X  N  T  K
A  F  I  I  E  T  O  S  J  W  A  M  X  P
F  P  C  N  F  I  N  E  D  N  S  I  N  F
I  U  D  G  A  Y  Y  T  C  E  J  G  S  M
N  L  S  E  V  L  K  I  V  K  A  A  J  A
A  G  G  R  F  U  A  I  J  C  O  D  M  A
L  C  Y  L  Y  L  F  N  E  D  N  T  B  E
L  R  Y  S  T  H  M  M  U  I  S  N  K  W
Y  X  Q  X  R  E  I  R  F  R  B  M  V  E
Z  H  S  I  F  O  X  I  I  L  L  B  R  H
R  H  S  I  N  I  F  F  R  I  P  T  D  K
M  R  T  S  Y  H  C  O  F  A  R  D  A  U
```

film	_____	final	_____	finally	_____
financial	_____	find	_____	fine	_____
finger	_____	finish	_____	fire	_____
firm	_____	first	_____	fish	_____
five	_____	floor	_____	fly	_____

Lista de palabras 22

```
S  R  F  O  R  S  M  F  V  S  A  U  T  P
N  E  F  O  W  T  O  B  E  X  C  S  X  O
E  K  H  Z  H  R  M  M  R  K  A  P  A  E
D  L  D  T  E  F  A  G  C  G  F  A  S  U
R  T  Z  I  Y  G  O  D  J  E  O  O  Y  N
A  U  G  E  P  D  T  R  E  P  O  N  M  Q
G  N  O  T  O  O  F  K  W  Y  D  D  G  O
F  O  R  C  E  R  Z  E  Z  A  E  W  Q  H
W  O  B  D  F  O  L  L  O  W  R  G  W  R
Y  Z  R  T  E  G  R  O  F  T  Q  D  Z  U
U  E  M  M  S  E  H  F  J  C  D  A  R  O
A  K  M  Z  E  X  W  K  O  O  X  L  V  F
U  C  D  E  R  R  N  U  B  R  K  L  G  K
F  O  C  U  S  K  A  N  L  O  M  M  F  S
```

focus _____	follow _____	food _____	
foot _____	for _____	force _____	
foreign _____	forget _____	form _____	
former _____	forward _____	four _____	
game _____	garden _____	gas _____	

Lista de palabras 23

```
J  E  P  K  N  G  I  R  L  L  S  D  G  W
F  C  P  S  N  M  T  I  F  Z  O  M  E  Q
G  W  R  G  L  A  S  S  D  O  A  N  T  A
X  Q  G  E  E  E  I  T  G  X  O  G  O  U
G  R  E  R  D  K  I  L  K  I  E  E  W  D
R  O  G  C  H  Y  H  V  T  V  O  N  G  E
P  Q  V  G  U  H  K  A  I  I  I  E  O  H
F  U  J  E  A  Q  R  G  O  A  L  R  O  Z
E  A  O  I  R  E  I  Y  A  J  V  A  A  G
Q  F  C  R  N  N  H  B  J  U  R  L  R  G
T  F  R  E  G  G  M  G  M  J  V  O  H  F
E  G  G  R  E  E  N  E  D  C  W  A  U  X
X  G  R  O  U  N  D  P  N  J  D  I  I  V
B  U  A  C  M  Z  J  M  P  T  L  A  T  H
```

general	_____	generation	_____	get	_____
girl	_____	give	_____	glass	_____
go	_____	goal	_____	good	_____
government	_____	great	_____	green	_____
ground	_____	group	_____	grow	

Lista de palabras 24

D	P	H	H	J	S	D	G	P	K	G	V	B	V
H	T	L	A	E	H	T	Z	U	N	O	N	L	W
I	K	C	O	H	F	Q	L	U	E	A	O	A	H
S	K	K	A	X	H	Y	G	C	Y	S	D	F	H
Y	G	P	B	A	K	O	N	P	I	U	S	V	M
N	P	X	R	G	R	O	W	T	H	Z	C	N	U
Y	H	D	W	H	E	A	D	N	C	A	L	W	L
B	M	C	Q	P	N	K	E	H	B	S	J	Y	F
X	B	I	G	A	G	P	P	R	S	F	D	H	A
P	Q	U	U	G	P	B	H	B	B	H	A	R	R
X	E	M	Y	A	Q	A	K	G	I	L	I	H	H
F	H	B	H	U	N	X	V	X	F	A	Y	A	C
J	V	H	D	D	I	R	Y	E	H	T	V	F	I
X	W	W	Y	F	V	N	G	K	D	E	I	E	N

growth	guess	gun	
guy	hair	half	
hand	hang	happen	
happy	hard	have	
he	head	health	

Lista de palabras 25

```
H  M  K  U  R  P  O  W  R  H  U  J  B  O
M  E  K  P  K  B  H  K  P  A  T  Y  N  O
T  I  R  A  K  R  U  D  R  I  E  H  V  A
G  A  G  E  H  E  B  A  H  C  E  H  G  H
P  L  E  V  H  I  C  U  I  R  C  H  X  A
H  W  S  H  T  I  X  N  S  W  I  G  X  H
Z  M  N  R  Q  Z  S  E  P  M  S  Y  R  O
X  G  E  Y  A  H  L  T  S  A  B  S  U  L
K  H  G  L  V  F  I  E  O  P  J  Q  I  D
B  P  L  E  H  A  L  G  J  R  A  H  C  D
H  E  A  R  T  F  E  Y  H  Z  Y  I  Q  K
G  E  R  C  C  M  S  H  V  R  E  M  F  H
F  M  Y  F  N  E  V  C  Y  N  Z  P  U  E
F  N  A  U  X  P  G  K  R  Z  I  M  W  F
```

hear	heart	heat
heavy	help	her
here	herself	high
him	himself	his
history	hit	hold

Lista de palabras 26

```
J Y H M P H O H G K E U N M
G G K E A U O H O D O R Z E
B I O E C M F S U W J U Z A
G S D J C A M I P N E E G Y
A I C H Y N C L U I D V W M
U Y H Z A G O E V B T R E E
O H I I D E N T I F Y A E R
H U I X D F O O L H N O L D
O S H A I B O H O N O F D P
M B E O R E S U H O W P X T
E A A S T M R Y L E V H E U
T N W Y U X G N T P U Y S S
H D P X M O Q L I G C Y T X
B Q P B L C H Q E I A F U Y
```

home _____	hope _____	hospital _____	
hot _____	hotel _____	hour _____	
house _____	how _____	however _____	
huge _____	human _____	hundred _____	
husband _____	idea _____	identify _____	

Lista de palabras 27

```
M  E  L  J  D  B  Q  E  N  X  E  J  T  V
I  L  S  A  J  E  L  O  S  N  B  P  D  R
T  N  L  A  L  A  U  D  I  V  I  D  N  I
N  L  C  H  E  J  Q  G  M  K  K  I  P  O
A  B  S  L  U  R  A  R  A  R  A  N  S  C
T  S  L  U  U  M  C  J  G  P  E  C  A  A
R  V  O  I  I  D  E  N  E  N  I  L  I  F
O  D  W  L  M  V  E  T  I  N  U  U  R  D
P  V  W  R  O  P  A  W  D  S  Z  D  C  C
M  R  T  R  N  C  A  E  F  E  S  I  N  I
I  V  P  U  I  Y  E  C  E  W  N  N  M  R
B  M  X  D  W  D  M  C  T  F  A  G  Z  A
I  X  N  U  Y  R  T  S  U  D  N  I  Y  T
G  I  N  O  I  T  A  M  R  O  F  N  I  K
```

if	_____	image	_____	imagine	_____
impact	_____	important	_____	improve	_____
in	_____	include	_____	including	_____
increase	_____	indeed	_____	indicate	_____
individual	_____	industry	_____	information	_____

Lista de palabras 28

```
S  F  J  G  I  S  S  U  E  U  J  Q  L  A
C  M  V  O  N  S  M  D  Q  I  K  A  V  F
E  N  B  Z  I  I  E  D  I  S  N  I  W  I
E  J  B  P  H  N  T  I  T  O  H  E  Y  T
Q  Q  B  I  W  A  V  S  I  C  I  H  S  A
E  O  F  X  U  W  R  T  E  V  M  E  N  K
J  V  G  U  V  A  A  P  R  R  R  R  P  M
M  E  T  I  Z  N  O  E  D  E  E  P  C  Y
E  S  P  R  R  H  T  A  T  V  V  T  L  O
T  F  V  E  I  N  E  N  S  X  L  P  N  B
F  F  T  N  I  T  I  Q  W  L  O  R  X  I
Y  N  T  Q  S  Z  S  C  R  F  V  A  B  X
I  O  I  N  V  E  S  T  M  E  N  T  Q  H
W  M  I  N  S  T  I  T  U  T  I  O  N  J
```

inside ______	instead ______	institution ______
interest ______	interesting ______	international ______
interview ______	into ______	investment ______
involve ______	issue ______	it ______
item ______	job ______	join ______

Lista de palabras 29

```
I  U  O  L  E  R  X  O  G  L  V  J  X  C
C  P  J  J  C  E  V  A  Y  J  U  U  S  H
M  D  L  O  O  X  F  O  U  E  K  R  S  Z
J  Q  N  U  J  F  Y  C  Q  E  N  I  K  V
A  J  Z  R  P  G  Q  M  E  W  D  S  F  G
C  U  V  N  G  J  I  P  Y  A  S  D  Q  W
K  S  E  A  V  E  S  X  J  U  T  I  G  L
E  T  J  L  K  T  T  J  A  R  N  C  R  K
T  E  C  I  J  T  O  J  A  U  E  T  X  E
S  K  Y  S  A  P  P  A  A  D  V  I  J  Y
S  G  T  T  D  R  K  B  K  T  I  O  X  N
V  N  V  I  E  I  C  O  S  C  G  N  X  M
J  J  D  C  S  B  A  T  Y  C  Q  M  G  S
Y  N  K  D  C  Z  J  S  J  A  N  E  J  U
```

just	______	journalistic	______	jurisdiction	______
jades	______	jaggy	______	jet	______
jar	______	jabots	______	jading	______
jadish	______	jane	______	jackpots	______
jackets	______	keep	______	key	______

Lista de palabras 30

```
T  O  U  I  I  N  Y  C  E  I  U  B  R  N
W  K  P  B  R  Z  Q  M  I  I  V  A  Q  D
D  E  U  E  C  K  I  N  D  R  Z  K  U  G
K  V  K  X  D  F  H  E  E  G  I  Q  Q  Y
X  Y  I  H  K  E  G  A  U  G  N  A  L  Y
U  S  A  N  K  N  O  W  L  E  D  G  E  P
Z  I  E  J  N  B  R  H  Q  W  Y  I  R  J
K  L  Q  U  G  E  H  S  L  H  W  G  K  A
T  K  K  V  D  D  H  W  A  O  J  A  N  O
R  N  K  I  E  P  L  C  N  Z  S  Z  B  D
X  O  N  T  N  L  P  K  T  K  V  R  Q  E
F  T  L  O  I  D  N  A  L  I  I  Z  V  W
Q  I  D  K  C  P  E  T  J  J  K  N  Z  G
K  U  A  U  L  R  H  R  V  J  W  H  G  L
```

kid	kill	kind	
kitchen	know	knowledge	
kepi	king	knelt	
kinder	kilted	knot	
kern	land	language	

Lista de palabras 31

```
I  T  B  N  L  R  V  J  H  K  A  R  J  Z
S  W  G  E  E  X  S  W  Y  K  B  P  H  Y
I  W  A  T  A  U  V  N  O  U  A  Z  B  T
C  V  A  W  D  G  W  L  A  W  G  F  A  F
E  L  L  W  Z  F  N  D  R  R  A  Q  X  E
L  P  D  A  P  C  A  L  A  R  G  E  L  L
A  Y  B  B  Y  E  N  K  D  T  Y  I  U  C
U  P  M  K  L  Q  S  W  S  Q  L  U  R  T
G  F  L  I  W  O  L  A  B  N  E  O  T  I
H  T  E  A  V  S  E  G  I  N  A  W  H  H
R  Z  W  T  T  L  U  Z  G  H  R  W  M  F
D  V  S  C  T  E  V  E  N  U  N  L  H  L
Z  A  G  T  J  F  L  L  A  W  Y  E  R  T
L  I  R  E  D  A  E  L  D  F  A  G  T  L
```

large _____	last _____	late _____	_____
later _____	laugh _____	law _____	_____
lawyer _____	lay _____	lead _____	_____
leader _____	learn _____	least _____	_____
leave _____	left _____	leg _____	_____

Lista de palabras 32

```
W  Z  F  H  K  S  Y  W  V  L  R  M  L  L
Y  N  J  R  F  A  L  P  R  E  M  O  I  H
L  T  L  I  F  E  E  N  Z  S  L  N  E  Y
B  T  K  E  Y  Z  K  T  N  S  E  N  C  I
N  L  S  H  A  S  I  H  Y  L  L  N  Y  S
V  B  I  I  J  Y  L  E  V  U  Q  E  F  I
H  U  L  T  L  U  U  K  C  E  L  T  W  J
W  K  E  Q  T  V  V  I  J  E  E  S  Q  U
W  B  T  L  U  L  A  L  X  E  G  I  M  K
U  L  K  M  E  L  E  I  W  V  A  L  R  R
E  V  T  I  L  T  I  C  T  I  L  M  T  P
L  I  G  H  T  Z  T  E  J  L  L  E  Q  L
Q  M  Y  I  Q  Z  U  E  C  L  T  T  Z  M
L  E  V  E  L  J  L  L  R  P  S  E  T  H
```

legal	_____	less	_____	let	_____
letter	_____	level	_____	lie	_____
life	_____	light	_____	like	_____
likely	_____	line	_____	list	_____
listen	_____	little	_____	live	_____

Lista de palabras 33

```
N  N  M  Y  Q  K  B  N  F  J  M  Q  H  J
W  V  X  E  R  L  I  S  F  W  Q  S  I  F
A  U  V  Y  F  A  O  R  U  L  F  Z  M  G
U  O  W  C  T  Q  E  T  T  F  O  B  T  N
L  Q  M  N  E  N  D  Y  W  L  W  C  M  G
D  W  I  S  I  B  T  B  V  O  O  A  A  M
S  A  O  H  L  I  M  P  L  O  K  O  S  L
M  L  C  C  R  O  H  P  M  E  L  S  K  J
M  A  L  O  J  C  N  L  L  U  H  R  R  D
M  A  J  O  V  F  J  G  O  Z  D  R  L  H
G  A  J  T  D  I  L  D  T  D  S  C  O  W
M  B  J  O  O  W  O  M  H  G  S  U  Q  J
T  M  L  C  R  U  M  A  I  N  O  I  H  B
Q  E  N  I  Z  A  G  A  M  J  L  B  Q  B
```

local	______	long	______	look	______
lose	______	loss	______	lot	______
love	______	low	______	machine	______
magazine	______	main	______	maintain	______
major	______	majority	______	make	______

Lista de palabras 34

```
D  M  C  M  Z  Q  R  W  G  E  J  H  H  S
E  Y  A  I  A  M  A  Y  O  L  R  Y  V  W
V  B  J  N  R  N  K  F  U  J  K  L  Y  U
S  M  Y  S  Y  E  M  U  Q  K  A  Y  S  T
Y  H  E  A  Z  N  X  A  P  I  Q  O  N  M
T  C  H  E  M  N  R  B  R  L  P  E  A  A
U  G  G  F  A  C  Z  E  V  K  M  Q  M  N
M  T  K  E  M  Q  T  R  H  E  E  A  C  A
M  A  M  E  W  A  E  D  G  M  R  T  K  G
N  A  N  G  M  T  E  A  W  R  E  S  F  E
N  I  C  A  T  S  N  A  I  W  Z  D  I  R
R  Q  V  A  G  A  U  A  F  E  V  J  I  D
H  G  M  O  M  E  G  R  M  R  M  K  U  A
J  V  L  S  Y  E  R  U  S  A  E  M  L  K
```

man _____	manage _____	management _____
manager _____	many _____	market _____
marriage _____	material _____	matter _____
may _____	maybe _____	me _____
mean _____	measure _____	media _____

Lista de palabras 35

```
Q  M  I  L  I  T  A  R  Y  B  A  J  M  B
M  F  S  Z  R  M  N  Q  G  S  L  O  I  G
R  E  F  M  N  I  S  J  Q  H  G  E  G  M
W  B  T  S  E  M  M  E  M  O  R  Y  H  I
M  O  M  H  K  N  E  M  T  I  K  Q  T  D
E  W  E  B  O  C  T  E  E  E  C  H  N  D
M  M  D  O  N  D  E  I  T  S  P  X  S  L
B  R  I  Q  M  M  D  U  O  I  S  K  L  E
E  X  C  L  P  T  N  I  Y  N  N  A  F  R
R  O  A  C  L  I  T  M  R  M  C  G  G  I
D  R  L  H  M  I  Q  Q  I  Z  H  Z  N  E
C  T  F  S  G  R  O  S  Y  N  B  C  X  P
J  B  O  U  R  F  S  N  S  G  D  C  Z  Z
T  V  B  X  M  M  G  T  X  H  O  Z  N  A
```

medical _____	meet _____	meeting _____
member _____	memory _____	mention _____
message _____	method _____	middle _____
might _____	military _____	million _____
mind _____	minute _____	miss _____

Lista de palabras 36

```
M  J  R  S  T  F  Y  D  M  O  U  T  H  C
O  M  L  Y  M  Q  Q  R  O  G  S  G  Y  P
V  V  J  M  O  S  T  N  R  Z  K  J  R  L
E  S  A  O  D  L  T  P  E  O  W  Z  X  P
M  W  F  T  E  T  E  Q  A  P  E  B  R  Y
E  Q  X  H  R  S  D  M  M  O  M  E  N  T
N  M  K  E  N  M  O  V  I  E  E  L  I  K
T  T  I  R  X  D  Y  Y  K  E  C  V  Z  H
M  E  R  S  E  A  R  E  B  Y  S  M  Y  K
U  O  B  L  S  M  O  R  N  I  N  G  M  T
S  R  N  X  W  I  P  I  N  O  E  G  Q  E
I  K  E  T  A  E  O  L  N  S  M  X  V  N
F  U  I  S  H  W  E  N  N  C  X  O  H  X
I  W  Y  U  V  E  Q  S  E  Y  M  F  Z  F
```

mission	_____	model	_____	modern	_____
moment	_____	money	_____	month	_____
more	_____	morning	_____	most	_____
mother	_____	mouth	_____	move	_____
movement	_____	movie	_____	Mr	_____

Lista de palabras 37

B	Q	K	I	V	S	M	R	S	M	P	U	Z	A
S	E	Z	E	E	Y	R	A	S	S	E	C	E	N
Z	S	O	N	B	U	T	L	S	E	L	D	J	C
V	M	T	J	A	D	C	I	S	U	M	N	J	N
N	O	N	S	M	M	V	M	V	F	F	N	L	R
D	R	D	E	U	X	E	J	Q	J	A	N	Y	P
Q	A	F	V	E	M	S	U	K	T	N	A	R	M
Y	E	Q	Q	J	D	X	M	U	A	Q	T	T	Z
L	N	L	K	J	B	U	R	T	Q	V	U	T	P
R	C	E	L	D	C	E	I	R	W	Q	R	O	M
A	G	E	A	H	U	O	U	W	P	Q	A	G	T
E	N	M	M	L	N	G	L	S	B	M	L	O	N
N	Z	D	A	N	A	T	I	O	N	A	L	X	J
A	I	D	I	W	O	F	L	E	S	Y	M	H	Z

Mrs	_____ much	_____ music	_____
must	_____ my	_____ myself	_____
name	_____ nation	_____ national	_____
natural	_____ nature	_____ near	_____
nearly	_____ necessary	_____ need	_____

Lista de palabras 38

```
L  Z  P  O  O  F  U  T  Q  J  A  G  M  N
I  O  C  N  E  X  Q  I  X  X  G  E  R  L
C  N  I  G  H  T  P  Q  D  E  V  C  I  L
A  P  S  N  O  T  H  I  N  G  N  S  L  C
W  V  Z  U  L  N  Y  J  B  N  K  U  X  J
U  V  W  B  O  E  L  N  G  U  F  E  K  U
T  G  X  U  B  W  N  N  E  I  U  U  U  F
D  N  O  T  E  S  O  Q  O  T  N  P  I  Y
K  N  O  N  E  P  R  Y  S  T  W  I  C  C
X  G  I  L  B  A  T  K  Y  R  L  O  C  J
K  S  D  S  V  P  H  E  E  K  R  R  R  E
J  O  W  R  Q  E  R  V  Y  O  T  B  A  K
U  E  P  J  Q  R  E  T  N  H  W  E  N  T
N  O  Q  N  C  N  I  C  J  O  F  M  Q  J
```

network	_____	never	_____	new	_____
news	_____	newspaper	_____	next	_____
nice	_____	night	_____	no	_____
none	_____	nor	_____	north	_____
not	_____	note	_____	nothing	_____

Lista de palabras 39

F	N	A	Y	P	X	B	W	P	V	L	N	H	V
O	C	C	U	R	E	M	L	T	B	R	R	Q	G
C	K	P	M	C	Y	H	Z	Q	D	R	D	U	A
Z	O	M	I	K	O	T	N	U	M	B	E	R	O
E	P	T	E	R	P	K	N	V	O	F	E	X	F
B	O	W	M	N	E	T	F	O	O	F	T	D	F
N	U	K	R	W	G	F	Z	C	F	F	F	Q	I
S	M	Y	M	Y	I	L	I	O	F	S	D	Q	C
E	X	K	G	K	E	Q	E	K	I	V	Z	G	E
O	I	R	W	F	F	O	Q	N	C	O	D	S	R
E	A	T	M	X	D	O	O	I	E	O	Z	Q	H
O	F	F	I	C	I	A	L	Z	B	L	L	V	J
C	F	I	T	G	Z	O	T	W	Y	X	L	D	J
J	W	N	O	W	N	N	C	X	B	B	W	H	X

notice	_____ now	_____ number	_____
occur	_____ of	_____ off	_____
offer	_____ office	_____ officer	_____
official	_____ often	_____ oh	_____
oil	_____ ok	_____ old	_____

Lista de palabras 40

```
O  R  W  S  O  P  E  R  A  T  I  O  N  M
P  J  P  N  R  A  O  N  L  Y  C  X  O  F
P  H  Q  J  O  F  M  U  O  P  E  N  N  R
O  A  O  N  Z  I  W  X  Z  P  O  M  E  O
R  K  W  S  I  Z  T  B  T  Z  A  H  U  R
T  T  Q  W  G  U  Q  P  V  S  T  C  O  D
U  J  J  G  R  O  Q  J  O  O  E  T  N  E
N  H  P  T  U  W  W  I  G  Y  H  N  T  R
I  X  C  R  E  S  Y  Z  B  E  Z  F  O  R
T  K  M  W  Q  C  P  B  R  Y  K  P  T  F
Y  A  H  L  B  L  N  S  A  O  P  K  B  Z
W  U  W  I  I  M  W  O  Y  Y  R  A  L  R
C  N  O  I  T  A  Z  I  N  A  G  R  O  C
H  V  J  N  U  E  Z  O  N  E  F  F  X  V
```

on	______	once	______	one	______
only	______	onto	______	open	______
operation	______	opportunity	______	option	______
or	______	order	______	organization	______
other	______	others	______	our	______

Lista de palabras 41

```
T  X  R  J  J  J  O  P  A  P  E  R  R  Y
G  P  A  R  T  I  C  I  P  A  N  T  Y  T
R  D  A  V  V  M  O  D  U  P  B  O  Q  I
P  L  K  R  D  U  R  G  P  A  D  D  D  U
A  R  E  I  T  E  N  I  C  P  O  V  E  R
I  W  A  S  N  I  Z  I  N  K  A  T  M  H
N  J  I  T  T  P  C  N  B  S  U  G  Z  G
P  D  R  N  O  A  Z  U  S  O  T  E  E  D
E  A  I  W  W  R  M  T  L  S  Z  J  Z  O
P  A  A  F  T  T  Y  T  I  A  A  V  W  E
P  Z  H  Z  L  D  T  T  N  C  R  P  W  H
P  A  R  E  N  T  F  L  R  S  P  L  K  W
T  F  Z  H  O  F  N  T  S  A  M  K  Y  K
B  R  A  L  U  C  I  T  R  A  P  J  C  H
```

out _____	outside _____	over _____	
page _____	pain _____	painting _____	
paper _____	parent _____	part _____	
participa<u>nt</u>___	particular_____	particularly _____	
partner _____	party _____	pass _____	

Lista de palabras 42

```
U  F  V  N  T  V  S  P  E  O  P  L  E  I
V  Q  P  T  R  B  Y  N  O  S  R  E  P  D
B  P  A  U  N  E  R  R  T  R  Q  H  C  H
L  L  S  R  P  E  T  K  X  P  P  P  W  C
X  A  T  D  E  H  I  T  F  M  H  E  Q  V
H  D  N  P  S  P  O  T  A  U  Y  R  K  E
R  D  H  O  E  X  E  N  A  P  S  F  R  O
L  W  I  C  S  R  M  A  E  P  I  O  I  Z
H  I  U  S  D  R  H  T  C  E  C  R  M  V
J  A  C  O  O  Q  E  A  P  E  A  M  U  D
O  U  J  F  I  C  W  P  P  F  L  A  Q  Y
S  O  R  P  R  W  H  F  Y  S  Y  N  I  B
G  E  R  W  E  J  O  T  A  E  H  C  I  X
P  K  C  Y  P  L  Y  H  P  O  C  E  H  Z
```

past ______	patient ______	pattern ______	
pay ______	peace ______	people ______	
per ______	perform ______	performance______	
perhaps ______	period ______	person ______	
personal______	phone ______	physical ______	

Lista de palabras 43

A	J	P	P	V	Y	S	X	L	J	T	R	Y	R
N	L	F	Q	I	G	Z	C	K	N	O	E	O	R
A	F	D	N	N	E	S	W	I	Y	P	O	F	N
L	E	Z	K	Y	Z	C	O	B	T	P	I	R	M
P	J	B	A	C	M	P	E	N	L	I	E	C	V
N	E	L	A	A	P	N	A	U	I	Y	L	E	K
N	P	R	N	A	D	L	Z	I	A	L	C	O	P
N	D	W	A	P	P	O	Z	L	E	I	K	T	P
K	E	P	H	L	I	Z	P	R	L	H	P	N	H
O	H	Q	B	A	F	L	U	O	Y	B	Q	R	E
L	J	G	U	C	H	T	P	P	O	L	I	C	Y
O	N	G	I	E	C	A	Q	M	D	Q	D	M	J
E	J	E	T	I	F	Q	O	I	T	G	H	T	F
Q	B	C	P	F	L	A	C	I	T	I	L	O	P

pick _____	picture _____	piece _____	_____
place _____	plan _____	plant _____	_____
play _____	player _____	PM _____	_____
point _____	police _____	policy _____	_____
political _____	politics _____	poor _____	_____

Lista de palabras 44

```
L  T  N  E  D  I  S  E  R  P  Z  Z  E  R
S  S  K  C  P  P  P  Z  R  I  S  T  I  X
O  E  E  D  R  P  K  R  J  E  I  C  E  C
Q  V  V  M  A  O  X  M  E  O  W  T  U  A
N  B  K  I  C  S  I  N  V  V  A  O  Q  S
O  V  D  E  T  S  P  B  C  V  E  N  P  P
I  G  J  Y  I  I  P  R  I  Z  O  N  H  O
T  M  P  K  C  B  S  R  E  I  M  K  T  P
A  N  R  P  E  L  P  O  T  S  K  K  N  U
L  E  E  F  R  E  T  I  P  Z  S  K  W  L
U  F  P  S  B  I  S  L  C  V  A  U  E  A
P  V  A  I  E  O  C  J  S  D  D  J  R  R
O  X  R  R  P  R  R  E  F  L  L  F  P  E
P  H  E  A  A  J  P  R  E  T  T  Y  L  B
```

popular _____	population _____	position _____	
positive _____	possible _____	power _____	
practice _____	prepare _____	present _____	
president _____	pressure _____	pretty _____	
prevent _____	price _____	private _____	

Lista de palabras 45

```
G  K  P  S  D  X  T  T  P  R  O  V  E  K
P  P  O  R  N  P  B  C  J  Y  U  Z  K  P
R  E  L  U  O  X  R  A  U  J  X  J  W  R
O  O  J  N  T  J  M  O  J  D  U  A  B  O
D  Z  S  V  O  A  E  O  P  S  O  J  O  F
U  C  N  S  R  I  T  C  S  E  B  R  L  E
C  S  I  G  E  C  T  E  T  S  R  O  P  S
E  S  O  L  E  F  C  C  C  L  S  T  H  S
H  R  O  T  B  O  O  H  U  S  N  D  Y  I
P  Q  O  K  R  U  X  R  A  D  T  U  L  O
F  R  R  P  A  W  P  J  P  M  O  F  B  N
P  O  U  Y  L  B  A  B  O  R  P  R  S  A
H  M  E  L  B  O  R  P  W  S  H  W  P  L
U  Q  O  G  Q  V  R  P  R  O  V  I  D  E
```

probably _____   problem _____   process _____

produce _____   product _____   production _____

professional _____   professor _____   program _____

project _____   property _____   protect _____

prove _____   provide _____   public _____

Lista de palabras 46

```
Y  T  I  L  A  U  Q  B  R  K  H  T  P  E
P  U  R  P  O  S  E  U  O  S  M  N  K  T
P  B  L  C  P  D  C  B  U  R  A  I  S  E
V  C  R  A  D  Z  O  P  A  U  Z  R  K  Y
H  E  M  A  C  L  Q  Q  I  O  W  A  E  L
Z  N  E  C  T  A  F  R  F  U  D  D  G  K
W  R  U  P  S  E  E  Y  Y  E  T  I  N  C
L  Q  J  E  W  H  K  U  L  J  C  O  A  I
Q  U  E  S  T  I  O  N  K  Q  Y  A  R  U
X  E  L  A  I  M  F  K  Y  U  T  P  R  Q
V  B  R  L  F  T  D  N  Z  I  E  W  U  M
T  L  Q  H  U  X  N  A  M  T  X  D  U  C
G  I  I  M  W  P  C  Z  Q  E  S  D  G  L
H  K  H  C  A  E  R  U  H  V  Z  E  O  X
```

pull ______	purpose ______	push	______
quality ______	question ______	quickly	______
quite ______	race ______	radio	______
raise ______	range ______	rate	______
rather ______	reach ______	read	______

Lista de palabras 47

```
Y  L  T  N  E  C  E  R  T  C  X  F  U  D
R  E  A  S  O  N  O  N  O  H  Y  Y  Y  S
O  H  G  T  T  Z  E  Z  X  N  L  C  N  V
R  K  C  B  C  C  E  L  K  L  U  E  U  W
R  E  H  G  E  E  E  Z  A  I  Z  X  K  B
E  R  C  R  M  C  L  E  I  I  R  A  E  H
A  R  E  E  U  J  R  F  N  L  B  E  E  G
L  Z  E  D  I  B  P  G  E  U  A  Z  D  D
I  W  E  A  A  V  O  Y  Q  R  D  E  R  F
T  R  A  U  L  C  E  D  X  S  N  O  R  G
Y  Y  S  E  E  G  B  A  Y  L  C  F  A  F
F  M  D  R  W  L  D  E  A  E  U  Y  J  E
N  W  Q  B  N  H  H  R  R  E  G  I  O  N
F  X  L  X  A  R  I  I  G  Z  C  H  E  S
```

ready	real	reality	
realize	really	reason	
receive	recent	recently	
recognize	record	red	
reduce	reflect	region	

Lista de palabras 48

```
G  R  R  E  P  R  E  S  E  N  T  S  S  F
O  E  A  U  R  E  Q  U  I  R  E  J  U  E
Z  S  W  W  E  S  F  K  R  Y  X  R  O  S
Y  O  V  E  P  P  Q  U  E  Y  J  E  I  N
E  U  X  T  U  O  H  R  M  B  B  L  G  O
C  R  G  A  B  N  C  R  E  Y  Q  A  I  P
G  C  H  L  L  S  R  E  M  S  O  T  L  S
R  E  F  E  I  I  A  M  B  C  P  I  E  E
S  E  Z  R  C  B  E  A  E  E  G  O  R  R
L  D  P  S  A  I  S  I  R  V  D  N  N  J
G  F  Z  O  N  L  E  N  Z  O  L  S  L  D
Z  L  M  H  R  I  R  F  R  M  F  H  U  F
F  A  O  V  M  T  D  T  J  E  B  I  N  W
G  C  J  J  X  Y  A  V  A  R  J  P  R  V
```

relate	_______	relationship _______	religious _______
remain	_______	remember _______	remove _______
report	_______	represent _______	Republican _______
require	_______	research _______	resource _______
respond	_______	response _______	responsibility _______

Lista de palabras 49

```
E  T  A  G  F  W  H  P  M  H  V  P  R  L
R  B  C  T  J  B  Z  C  E  I  Q  U  T  W
J  I  Y  N  R  R  D  Z  L  C  L  R  X  E
M  H  G  R  R  P  E  B  O  E  E  S  D  V
U  C  J  H  I  T  J  R  R  T  Z  D  P  V
R  M  L  C  T  S  E  R  U  B  A  P  D  R
T  W  C  W  R  S  K  R  E  O  M  R  N  U
I  O  T  P  T  C  N  R  R  S  R  K  I  N
X  K  V  R  E  V  E  A  L  W  U  O  P  T
W  B  X  U  R  W  A  O  G  Z  R  L  O  Y
S  R  O  Z  R  I  E  H  Y  G  O  Y  T  M
S  A  C  A  I  P  S  I  N  V  C  H  Z  U
T  B  F  L  C  A  F  E  Q  D  K  J  F  C
Y  N  U  E  H  M  H  L  W  L  N  V  S  M
```

rest	_____	result	_____	return	_____
reveal	_____	rich	_____	right	_____
rise	_____	risk	_____	road	_____
rock	_____	role	_____	room	_____
rule	_____	run	_____	safe	_____

Lista de palabras 50

N	Z	S	F	Q	P	U	S	Z	I	L	N	I	Q
E	M	B	E	Y	L	G	D	C	A	O	W	V	T
G	M	J	L	E	A	N	Y	A	I	B	K	E	V
W	G	A	Y	Z	O	A	O	T	H	E	R	A	T
N	Z	K	S	C	S	M	C	X	B	O	N	G	Y
I	X	K	E	T	G	E	B	L	C	Q	Y	C	X
X	P	S	R	G	S	I	O	S	A	T	F	T	E
E	E	N	E	C	S	O	R	N	I	E	S	H	E
E	P	A	P	L	H	D	O	R	H	U	S	Y	L
P	U	F	E	C	K	S	U	P	H	T	S	G	K
V	H	U	S	V	A	C	E	H	T	S	A	V	E
I	K	H	H	E	E	D	Q	T	A	E	S	O	L
D	V	X	S	S	C	I	E	N	T	I	S	T	B
K	M	M	B	H	Q	O	E	M	N	Z	E	D	R

same ______	save ______	say ______	
scene ______	school ______	science ______	
scientist ______	score ______	sea ______	
season ______	seat ______	second ______	
section ______	security ______	see ______	

Lista de palabras 51

Y P L E J P M K M Z M H I N
P V A B W H M Y Z W N K R S
H Q U L S E N I O R K M P E
R X X L M U J R Y U I Q M R
C E E S B E S S M X B U I I
K S S K E E S E Y O N I R O
Z C H A V R S N S N M M E U
S U M E S K V S J E P O P S
S E R V I C E E H V L E R Y
K A E V D M M I V E P L Y M
L Y D Q I E M R S S S K M K
F S E T E M R D R B F E D S
I C X S K S E R I E S V N C
A W M O X T A G M P Z Q F D

seek _____ seem _____ sell _____

send _____ senior _____ sense _____

series _____ serious _____ serve _____

service _____ set _____ seven _____

several _____ sex _____ sexual _____

Lista de palabras 52

```
S  Z  K  R  D  B  D  H  V  G  I  S  C  Y
I  H  G  S  S  I  G  N  E  D  I  S  S  W
C  U  O  H  H  T  I  R  C  C  C  H  T  Q
J  X  O  U  O  O  X  H  A  Q  A  D  Y  X
S  W  D  O  L  M  R  U  Y  K  K  Y  M  E
I  B  H  J  D  D  S  T  E  H  Z  V  Y  S
M  S  I  G  N  I  F  I  C  A  N  T  E  I
P  X  H  S  I  M  I  L  A  R  F  R  C  M
L  Z  U  O  P  Y  Q  I  D  Z  A  F  S  P
E  T  D  Y  T  J  P  F  L  H  Q  J  K  L
D  J  C  J  D  T  L  T  S  L  O  A  P  Y
Q  X  D  S  H  O  U  L  D  E  R  C  E  Q
T  V  P  B  B  L  I  E  S  H  Q  H  N  P
E  E  L  E  H  S  B  S  W  P  K  B  Q  W
```

shake	_____	share	_____	she	_____	_____
shoot	_____	short	_____	shot	_____	_____
should	_____	shoulder	_____	show	_____	_____
side	_____	sign	_____	significant	_____	_____
similar	_____	simple	_____	simply	_____	_____

Lista de palabras 53

```
K  S  O  V  B  S  G  U  J  X  X  P  K  X
S  O  E  Q  K  R  J  A  F  E  I  D  X  W
O  N  C  I  E  B  U  B  V  X  T  E  Z  T
Z  Z  L  T  W  B  M  X  E  L  A  I  I  C
D  L  S  K  O  X  K  Z  Z  Q  L  O  S  O
S  I  T  U  A  T  I  O  N  I  Z  A  E  I
S  O  S  I  X  B  S  W  O  B  S  P  M  U
S  Q  C  I  O  W  A  M  O  D  Z  E  H  S
Q  I  M  I  W  C  S  Y  I  Z  P  W  I  D
B  S  N  W  A  A  M  X  B  L  N  Q  Z  Z
N  O  I  G  S  L  S  K  N  I  E  U  G  S
J  O  I  Z  L  J  I  P  K  K  F  Q  S  I
U  D  D  K  E  E  T  S  P  K  F  W  O  N
Z  N  P  N  E  C  N  I  S  Z  I  C  L  G
```

since	_____	sing	_____	single	_____
sister	_____	sit	_____	site	_____
situation	_____	six	_____	size	_____
skill	_____	skin	_____	small	_____
smile	_____	so	_____	social	_____

Lista de palabras 54

```
T  Y  V  B  A  V  Z  Z  M  S  T  O  P  N
R  X  O  G  N  I  H  T  E  M  O  S  R  A
K  O  D  S  O  N  G  B  G  N  U  E  I  S
U  J  O  O  O  Z  S  S  L  B  H  U  Y  O
F  S  D  N  A  L  O  S  Z  T  S  O  R  U
E  M  O  S  E  U  O  P  U  S  O  X  D  N
P  S  R  M  R  M  N  O  E  Q  C  D  Z  D
H  P  A  C  E  F  S  M  V  D  I  A  L  H
Q  J  E  O  B  B  I  F  P  E  E  X  V  H
S  D  N  S  S  T  O  X  L  O  T  E  W  S
O  E  I  A  E  W  R  D  M  C  Y  C  P  O
U  Q  H  M  N  R  V  T  Y  X  O  M  M  R
T  K  O  O  E  R  E  I  D  L  O  S  T  T
H  S  O  R  L  E  N  H  B  N  O  T  U  R
```

society ______	soldier ______	some ______	
somebody ______	someone ______	something ______	
sometimes ______	son ______	song ______	
soon ______	sort ______	sound ______	
source ______	south ______	southern ______	

Lista de palabras 55

V	W	V	E	S	M	F	X	P	T	Q	S	X	S
D	J	D	Z	P	T	F	Z	N	U	M	T	T	D
S	W	W	D	A	S	J	G	E	N	Q	A	Q	N
P	P	L	F	C	P	T	I	N	A	R	F	J	G
R	Y	E	V	E	S	G	A	I	X	L	F	V	B
I	S	C	C	S	W	P	O	N	H	J	N	F	B
N	T	T	P	I	T	D	E	W	D	T	D	V	S
G	R	O	A	R	A	O	C	N	Z	Y	U	S	T
G	R	C	A	N	Q	L	S	N	D	S	B	P	A
T	J	T	O	A	D	K	Y	V	E	T	F	E	G
T	S	G	R	G	A	A	I	O	H	A	K	E	E
U	T	H	X	E	Z	L	R	G	O	T	O	C	T
R	Z	B	P	Q	N	U	W	D	Y	E	G	H	B
K	F	S	Y	S	C	I	F	I	C	E	P	S	J

space _____	speak _____	special _____	
specific _____	speech _____	spend _____	
sport _____	spring _____	staff _____	
stage _____	stand _____	standard _____	
star _____	start _____	state _____	

Lista de palabras 56

```
S  S  J  W  P  R  M  I  Y  Y  K  L  T  U
Q  T  G  Y  S  T  E  P  T  R  C  M  I  X
E  V  I  K  K  K  O  G  P  A  O  A  O  Z
L  U  M  L  S  T  U  D  Y  T  E  T  L  X
S  J  R  K  L  G  I  F  K  E  H  J  S  N
Y  T  Z  X  N  B  S  T  R  A  T  E  G  Y
V  H  A  O  Q  H  N  O  S  S  T  O  C  K
F  S  R  T  E  S  T  R  U  C  T  U  R  E
C  T  T  K  E  S  T  N  E  D  U  T  S  P
S  P  B  A  V  M  S  T  R  E  E  T  O  J
Z  E  F  W  T  S  E  T  V  E  E  T  V  F
A  U  F  K  J  I  T  N  C  Y  S  D  C  Q
P  B  S  C  C  V  O  A  T  P  S  T  Z  C
O  X  J  N  L  U  S  N  Y  P  A  O  T  C
```

statement _____	station _____	stay _____	_____
step _____	still _____	stock _____	_____
stop _____	store _____	story _____	_____
strategy _____	street _____	strong _____	_____
structure _____	student _____	study _____	_____

Lista de palabras 57

V	X	K	S	U	F	F	E	R	E	X	H	P	L
S	V	B	I	U	V	E	S	T	U	F	F	Q	I
D	U	U	X	R	C	B	C	P	Y	V	C	Q	L
T	W	C	Z	E	P	C	J	A	F	L	S	S	X
Q	A	P	C	Y	R	S	E	J	F	Q	P	H	X
R	E	B	W	E	T	T	T	S	E	R	C	Z	G
T	L	R	L	Y	S	R	T	T	S	U	U	D	K
M	C	U	L	E	A	S	S	Y	S	F	L	S	L
S	P	E	G	Y	O	D	S	U	M	L	U	W	Q
L	G	G	J	S	G	Y	T	Q	M	Z	S	L	Q
V	U	E	K	B	S	C	T	U	T	M	X	S	B
S	I	U	N	T	U	U	E	R	U	S	E	I	L
F	K	M	E	Y	N	S	S	U	P	P	O	R	T
C	B	M	A	S	U	D	D	E	N	L	Y	H	S

stuff	_____	style	_____	subject	_____
success	_____	successful	_____	such	_____
suddenly	_____	suffer	_____	suggest	_____
summer	_____	support	_____	sure	_____
surface	_____	system	_____	table	_____

Lista de palabras 58

```
O  H  T  C  X  D  B  E  N  Z  R  N  P  T
S  F  A  E  N  X  Z  P  G  I  I  V  R  A
N  N  L  V  L  V  U  C  N  Y  N  Z  V  K
J  Y  K  E  S  E  T  X  V  Q  R  K  C  E
Y  P  S  E  T  E  V  T  K  R  X  E  W  D
G  V  J  N  R  A  E  I  L  Z  A  O  T  T
O  D  P  M  L  A  S  E  S  P  T  S  G  T
L  N  Q  L  C  Z  P  K  W  I  E  W  Y  E
O  Q  E  H  L  T  D  N  C  T  O  F  T  N
N  T  I  Y  Q  H  E  Z  Y  N  B  N  S  D
H  T  E  N  E  A  T  A  R  V  T  V  O  M
C  S  N  U  Q  H  H  K  M  K  F  E  S  M
E  J  J  Z  A  L  B  O  S  Z  N  F  I  P
T  Y  F  N  T  E  A  C  H  E  R  Z  N  R
```

take	_____	talk	_____	task	_____	
tax	_____	teach	_____	teacher	_____	
team	_____	technology	_____	television	_____	
tell	_____	ten	_____	tend	_____	
term	_____	test	_____	than	_____	

Lista de palabras 59

```
T  H  A  T  J  T  N  I  T  H  E  Z  V  R
I  X  T  F  T  T  F  O  Q  V  O  V  R  X
L  M  U  H  W  K  T  H  I  N  K  R  A  A
T  F  E  I  I  V  Q  P  H  M  I  O  D  E
H  S  N  B  Z  N  V  T  N  E  E  P  R  T
E  X  Z  T  C  D  G  P  H  L  A  E  H  Q
M  N  T  T  D  H  T  T  N  A  H  E  L  S
S  I  I  H  O  N  A  T  Z  T  N  N  V  F
E  Q  G  A  D  C  G  T  H  F  G  T  U  U
L  K  B  N  Y  V  R  H  F  E  H  U  K  G
V  E  U  K  E  T  J  I  K  I  O  W  V  P
E  R  X  V  H  O  A  S  R  P  V  R  I  Q
S  K  N  E  T  A  N  D  I  L  A  I  Y  P
Y  V  M  N  N  P  B  A  H  U  G  Q  Z  K
```

thank	_____	that	_____	the	_____
their	_____	them	_____	themselves	_____
then	_____	theory	_____	there	_____
these	_____	they	_____	thing	_____
think	_____	third	_____	this	_____

Lista de palabras 60

I	Q	H	K	S	V	H	H	J	M	G	T	F	O
Q	O	G	P	U	H	J	D	B	D	M	A	B	T
E	Y	U	J	H	O	M	H	R	Y	T	E	U	H
O	K	O	C	T	A	H	E	C	F	O	R	S	G
T	H	R	O	U	G	H	O	U	T	H	H	U	U
V	M	H	E	H	T	E	T	B	G	E	T	G	O
O	T	T	M	E	U	O	O	U	M	P	P	E	H
T	C	H	G	B	D	F	O	I	V	L	E	E	T
D	O	O	O	A	B	H	T	S	J	R	S	A	T
L	T	J	Y	U	T	G	C	J	H	O	T	P	L
X	Y	W	C	Y	S	H	U	T	H	I	D	H	K
Y	W	Y	X	W	G	A	R	T	S	O	F	D	A
T	H	G	I	N	O	T	N	O	D	X	Y	T	P
S	C	D	G	Q	B	R	J	D	W	F	E	D	A

those _______ though _______ thought _______
thousand _______ threat _______ three _______
through _______ throughout _______ throw _______
thus _______ time _______ to _______
today _______ together _______ tonight _______

Lista de palabras 61

```
K  X  X  K  G  Q  L  L  N  L  S  L  K  T
D  R  T  H  Q  E  P  P  A  Q  A  R  R  S
A  V  J  E  V  Z  F  S  M  N  I  A  P  O
D  P  D  A  J  E  T  Y  O  F  I  E  I  A
Q  P  R  N  W  O  T  I  H  N  E  W  R  T
C  T  W  T  K  J  T  G  I  R  Y  S  T  R
P  C  Y  R  X  I  U  N  T  A  U  W  E  E
B  J  W  I  D  O  G  S  V  K  G  V  N  A
Z  K  J  A  T  T  N  E  M  T  A  E  R  T
J  O  R  L  O  P  A  L  H  J  T  E  Q  L
G  T  T  L  W  C  B  F  A  R  P  S  C  C
J  J  O  F  A  I  U  K  A  T  K  T  E  P
W  C  O  W  R  M  R  D  D  O  O  M  O  P
G  R  H  I  D  H  E  P  F  S  A  T  U  M
```

too	_____	top	_____	total	_____
tough	_____	toward	_____	town	_____
trade	_____	traditional	_____	training	_____
travel	_____	treat	_____	treatment	_____
tree	_____	trial	_____	trip	_____

Lista de palabras 62

H U M E G O G R N F V H R Q
T R U T H P M R E R Q D Y B
N T V B U X Q L E V N H X Y
A K R O F O B D V A K G C Z
V L G V T U N L T M C T O V
N I B V O U Z S O U S E M A
O T T R L F R G T I N U L E
P N T M H E Z U T H T A O L
U U M O D G X D S Y Y C K P
V W B N F M T M N L P F M U
I Y U J U Z W D T F B E U V
S N R U T L H V W H O U K I
V Q S T T U B M O W W C U Z
W C S E T N P U T L B T J U

trouble	_____	truth	_____	try	_____	
turn	_____	tv	_____	two	_____	
type	_____	under	_____	understand	_____	
unit	_____	until	_____	up	_____	
upon	_____	us	_____	use	_____	

Lista de palabras 63

```
V  K  M  J  K  W  W  A  N  T  D  A  D  D
E  U  X  V  U  V  X  B  N  W  D  E  U  F
I  A  Y  I  V  I  U  E  A  V  A  L  U  E
W  X  V  O  O  C  J  I  N  E  F  U  W  Z
E  S  A  L  M  T  T  P  Y  J  W  Y  Q  J
C  W  R  E  H  I  T  Q  X  W  A  A  Y  V
Z  Z  I  N  S  M  N  T  Q  W  J  L  L  J
M  U  O  C  V  W  A  L  K  W  L  F  R  L
O  X  U  E  T  Y  R  E  V  A  A  L  A  F
A  T  S  E  L  U  W  Z  U  K  P  T  W  W
W  E  I  V  C  A  H  S  O  F  Y  L  C  B
L  T  B  U  T  D  U  Q  O  S  K  S  Z  H
Z  O  X  E  J  Z  X  C  Q  Y  K  N  D  E
A  G  R  C  E  D  J  J  V  H  M  F  E  V
```

usually _____	value _____	various _____	_____
very _____	victim _____	view _____	_____
violence _____	wait _____	walk _____	_____
wall _____	want _____	war _____	_____
watch _____	water _____	way _____	_____

Lista de palabras 64

```
U  H  Y  W  R  H  N  O  P  A  E  W  M  P
L  M  I  G  C  B  Q  L  T  U  W  L  U  Z
K  U  J  I  I  W  K  W  H  S  R  U  M  N
Z  P  H  S  T  L  D  W  G  W  U  W  X  E
N  W  A  M  N  W  H  W  I  J  P  Y  R  Z
M  J  A  I  H  A  H  V  E  E  R  R  H  K
B  W  S  E  T  E  W  E  W  W  E  L  E  W
X  E  N  I  R  K  L  E  E  V  H  B  P  H
R  L  W  E  G  I  T  S  E  E  M  K  Y  E
A  L  E  Q  H  B  T  T  V  K  D  I  G  T
E  D  N  W  F  E  A  S  W  C  N  S  P  H
W  R  E  S  R  H  F  Y  A  E  C  I  B  E
U  C  W  N  W  J  Y  D  Y  C  S  X  J  R
Y  S  C  K  N  S  X  V  K  H  R  T  K  V
```

we ______	weapon ______	wear ______	
week ______	weight ______	well ______	
west ______	western ______	what ______	
whatever ______	when ______	where ______	
whether ______	which ______	while ______	

Lista de palabras 65

```
C  A  N  L  H  S  Z  S  L  P  W  F  U  W
K  K  B  F  T  S  I  U  W  O  Q  O  N  D
O  P  N  I  W  L  I  C  Z  H  W  V  N  T
T  A  O  Q  X  C  L  W  L  H  I  I  F  O
H  O  C  W  W  K  Q  I  O  W  F  T  E  L
N  D  F  H  H  I  D  M  W  I  E  F  E  F
D  L  Z  M  U  O  T  V  J  W  F  T  H  Y
W  I  T  H  I  N  C  H  W  H  C  H  T  E
Q  W  Q  Y  J  G  W  P  W  Y  Z  I  N  B
E  V  I  P  V  B  W  H  O  L  E  Y  B  P
K  T  Q  N  C  S  E  H  B  B  W  W  A  P
E  I  D  H  D  Q  D  G  O  L  W  O  Z  A
A  F  M  D  K  O  I  W  D  S  J  U  T  K
V  I  W  I  N  D  W  T  S  S  E  X  Z  F
```

white	_____	who	_____	whole	_____
whom	_____	whose	_____	why	_____
wide	_____	wife	_____	will	_____
win	_____	wind	_____	window	_____
wish	_____	with	_____	within	_____

Lista de palabras 66

```
Z  M  Y  T  S  G  N  O  P  Y  E  S  Z  E
H  R  M  O  V  P  I  W  O  R  K  E  R  M
W  V  G  L  U  I  T  W  O  R  L  D  Q  S
A  J  T  O  Z  R  R  P  X  Y  D  K  N  Z
C  Z  H  V  L  A  D  T  E  Y  A  R  D  I
S  W  Z  X  E  K  N  T  V  C  B  V  E  N
C  I  O  Y  U  N  R  J  Y  Q  F  G  Y  A
K  B  X  R  E  R  J  O  C  V  K  E  V  V
E  G  Z  S  D  A  U  A  W  I  N  I  U  D
D  X  E  X  N  N  H  J  Q  A  N  O  T  N
G  P  U  Z  G  W  Y  L  M  D  Y  Y  G  T
W  L  B  V  W  V  L  O  W  O  N  D  E  R
A  R  J  S  W  R  W  K  Z  X  N  J  N  T
K  M  T  D  I  Y  W  I  T  H  O  U  T  J
```

without	______	woman	______	wonder	______
word	______	work	______	worker	______
world	______	yard	______	yeah	______
year	______	yes	______	yet	______
you	______	young	______	your	______

Respuestas

Lista de palabras 1

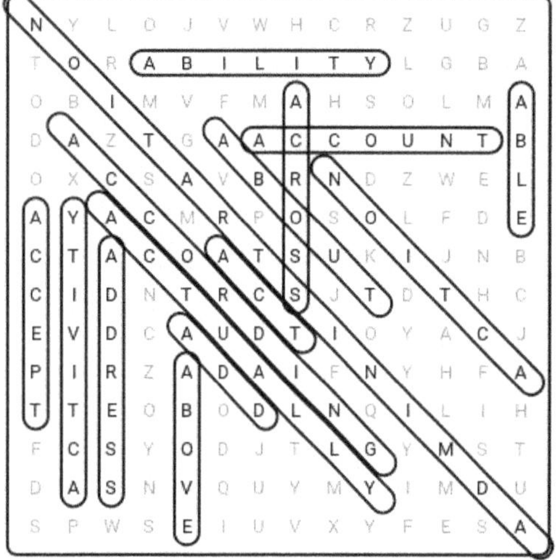

Lista de palabras 2

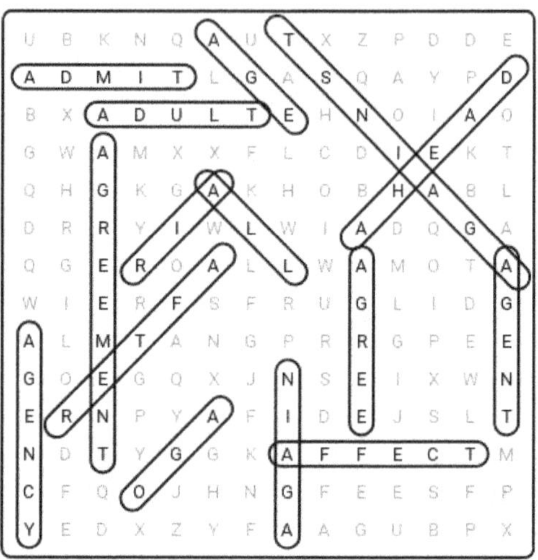

Lista de palabras 3

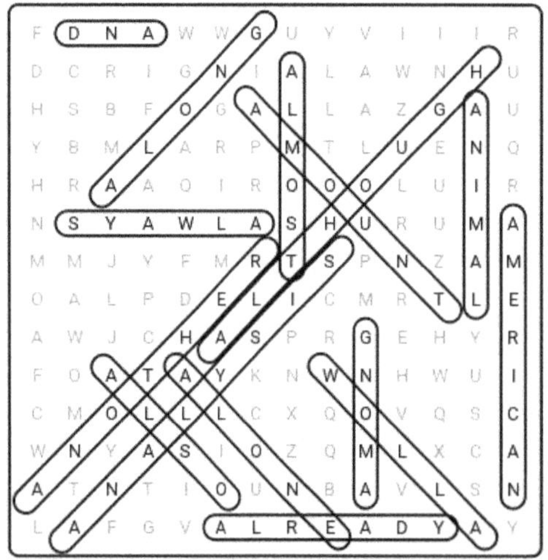

Lista de palabras 4

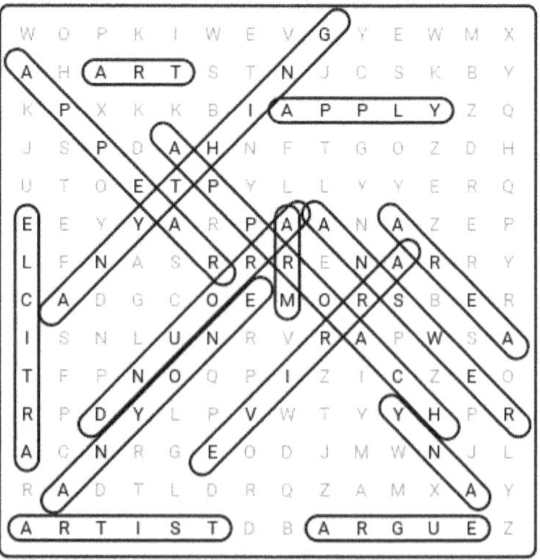

Lista de palabras 5

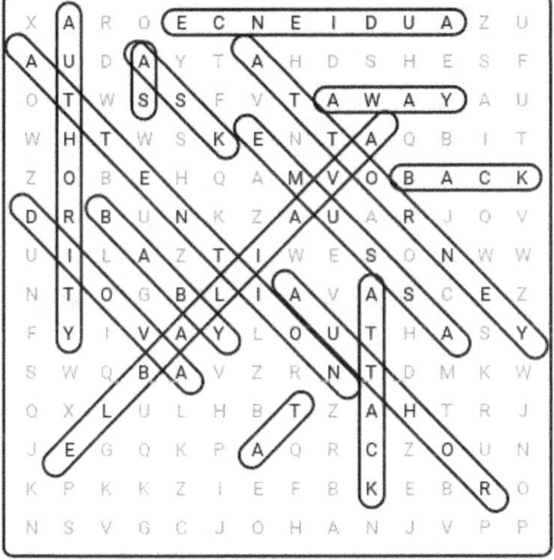

Lista de palabras 6

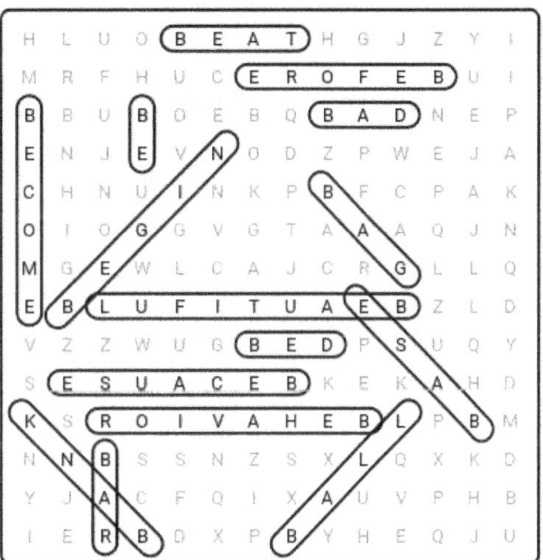

Lista de palabras 7

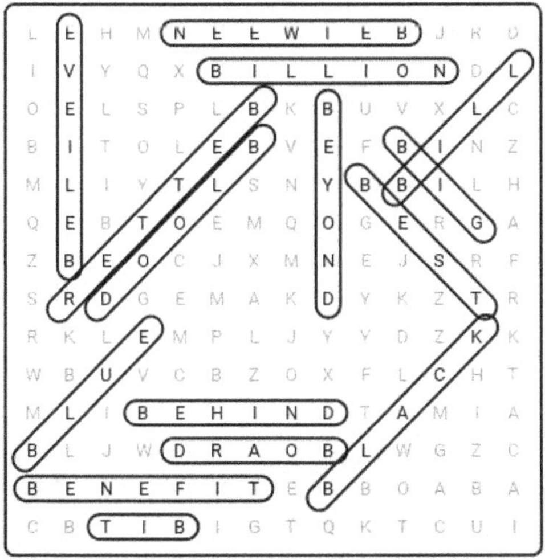

Lista de palabras 8

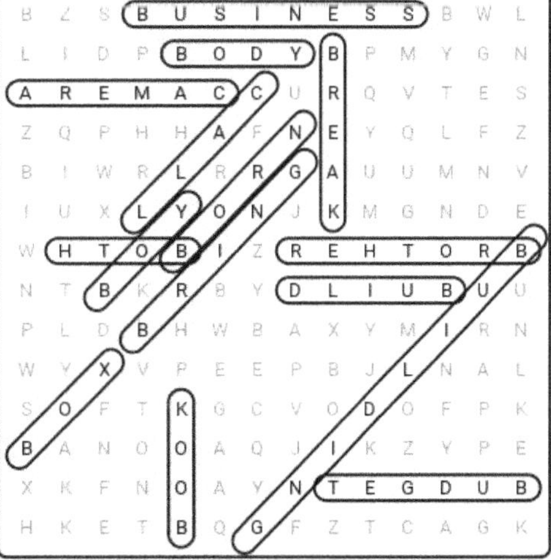

Lista de palabras 9

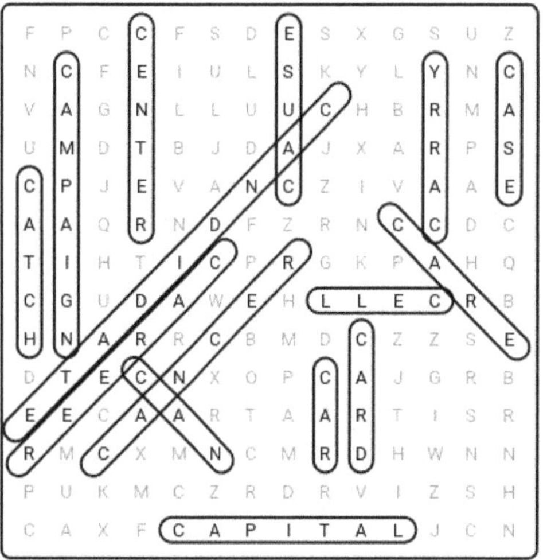

Lista de palabras 10

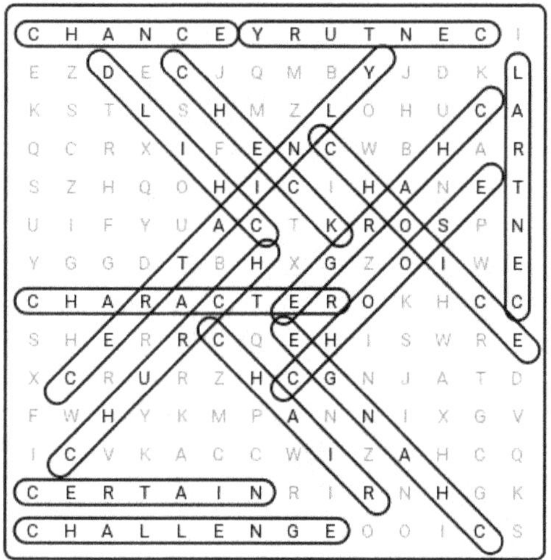

Lista de palabras 11

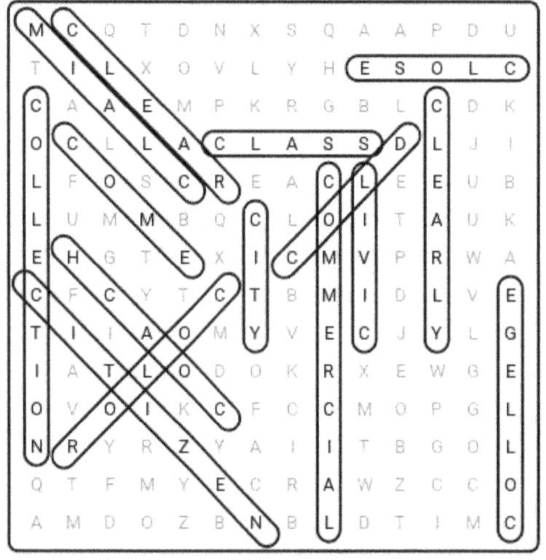

Lista de palabras 12

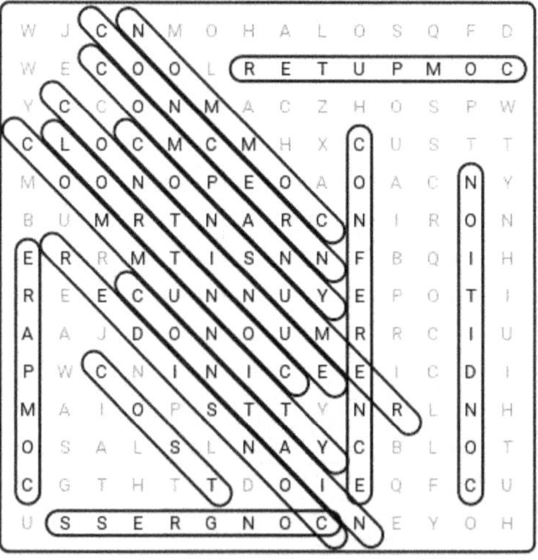

Lista de palabras 13

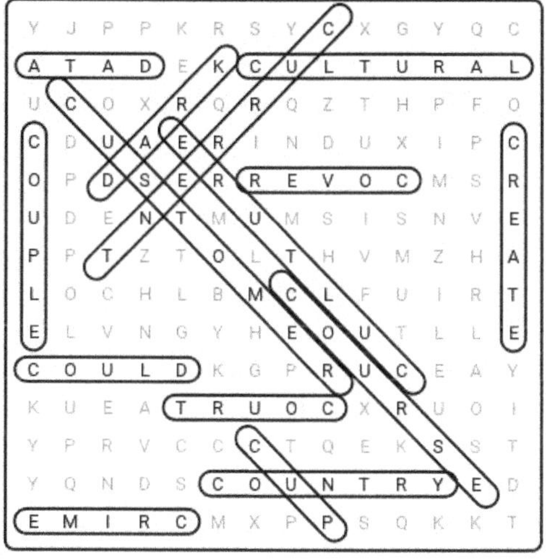

Lista de palabras 14

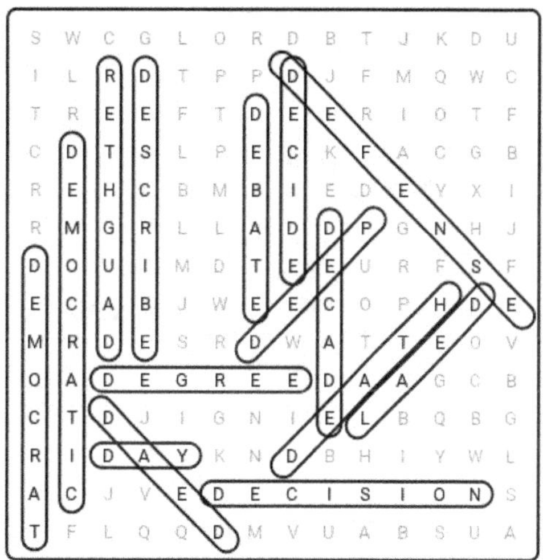

Lista de palabras 15

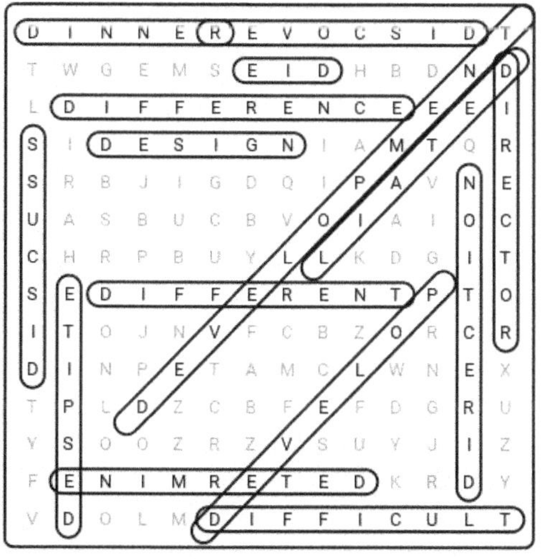

Lista de palabras 16

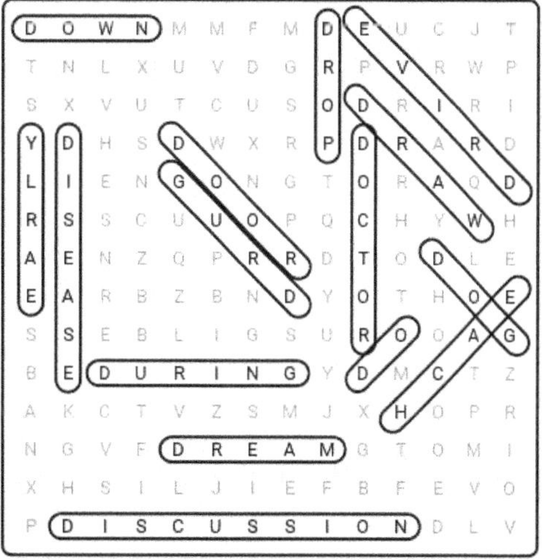

Lista de palabras 17

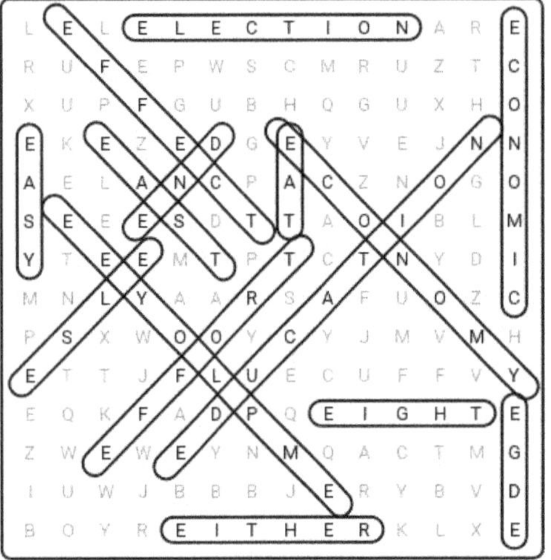

Lista de palabras 18

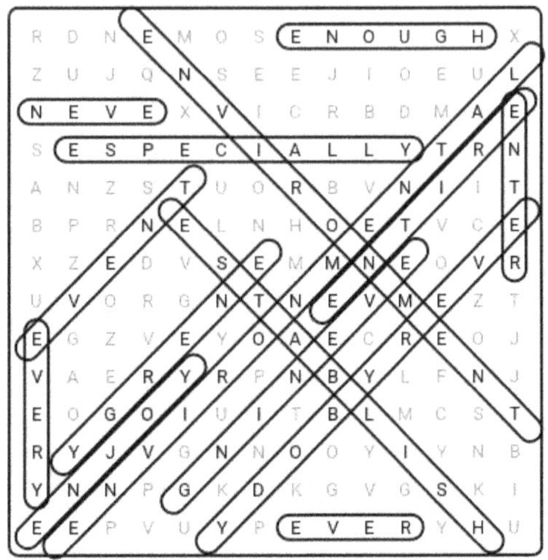

Lista de palabras 19

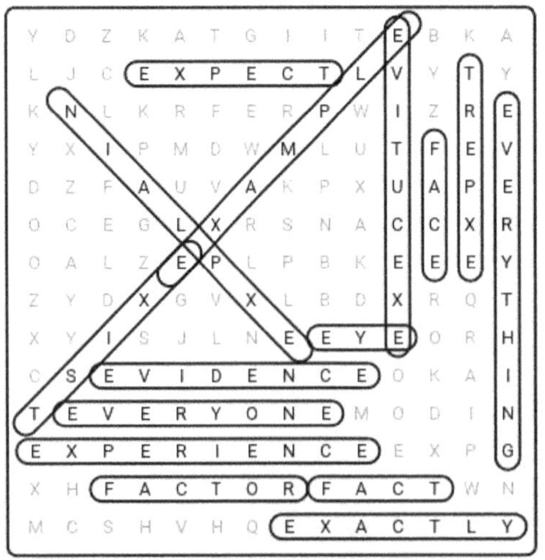

Lista de palabras 20

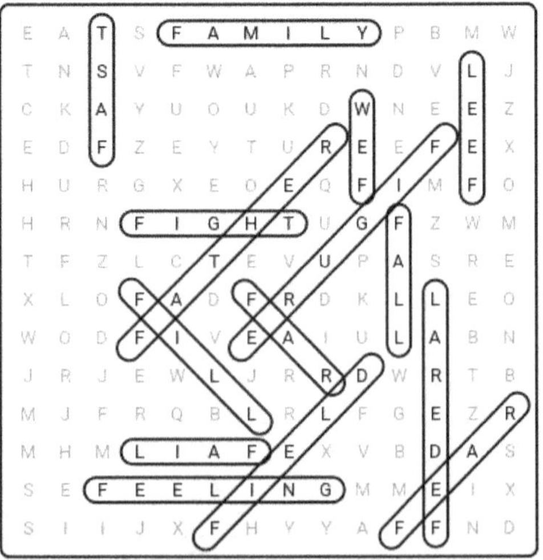

Lista de palabras 21

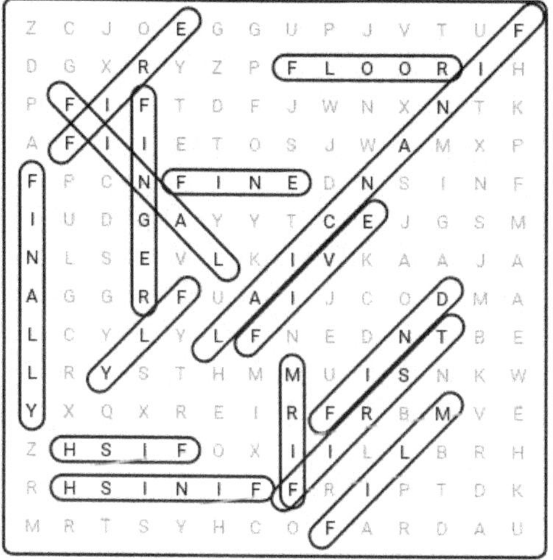

Lista de palabras 22

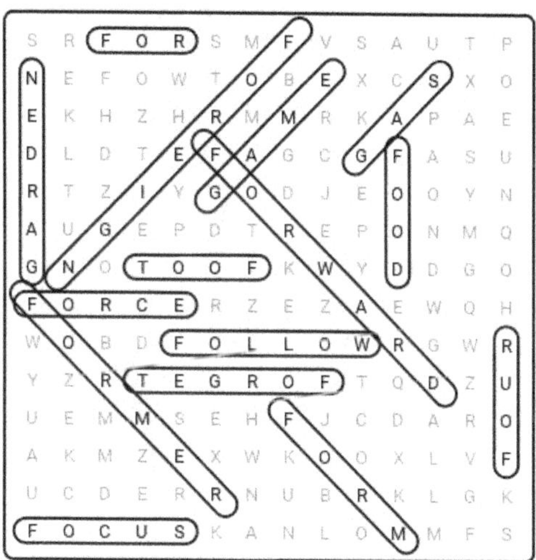

Lista de palabras 23

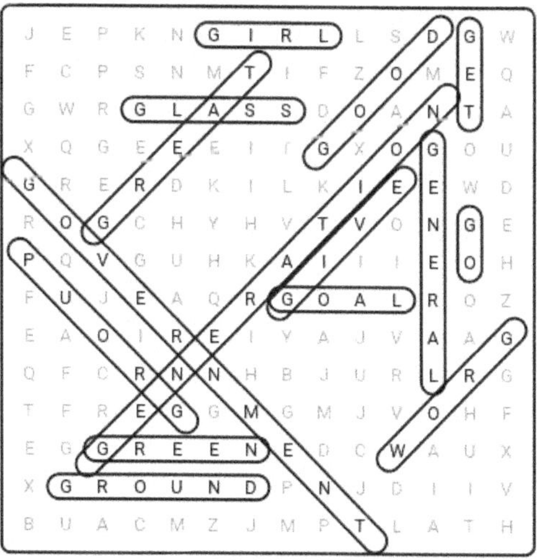

Lista de palabras 24

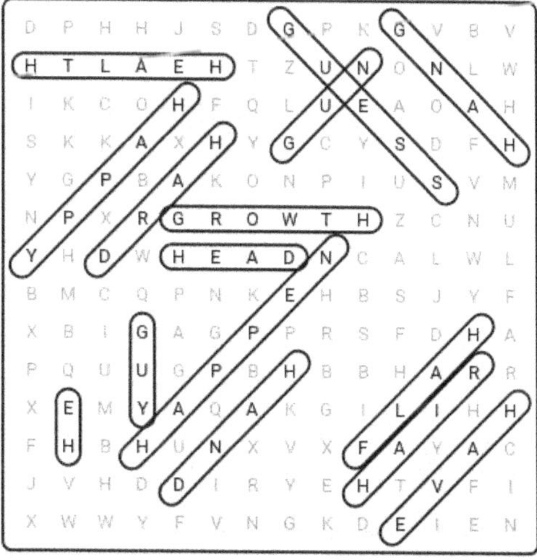

Lista de palabras 25

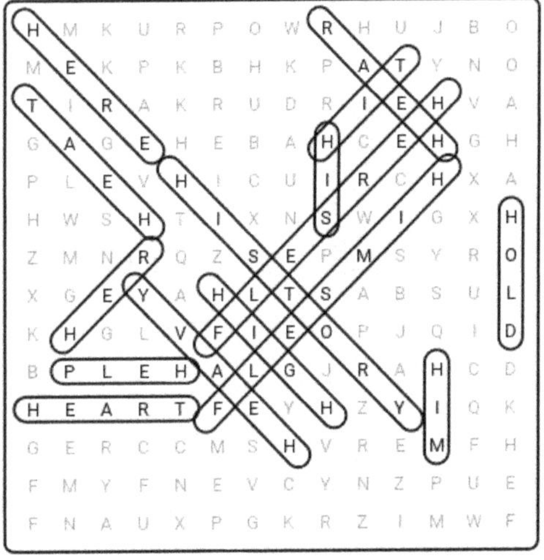

Lista de palabras 26

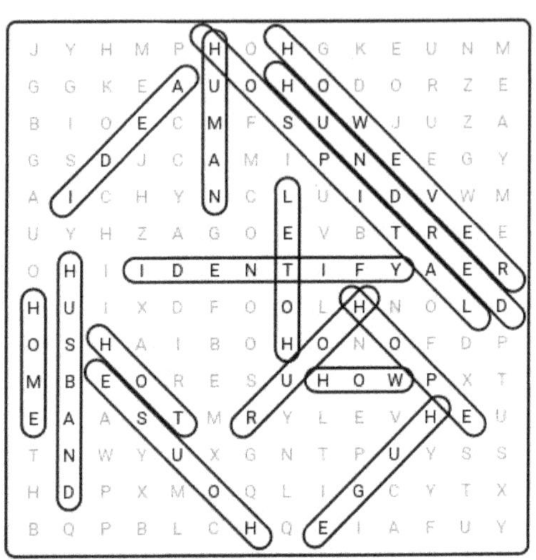

Lista de palabras 27

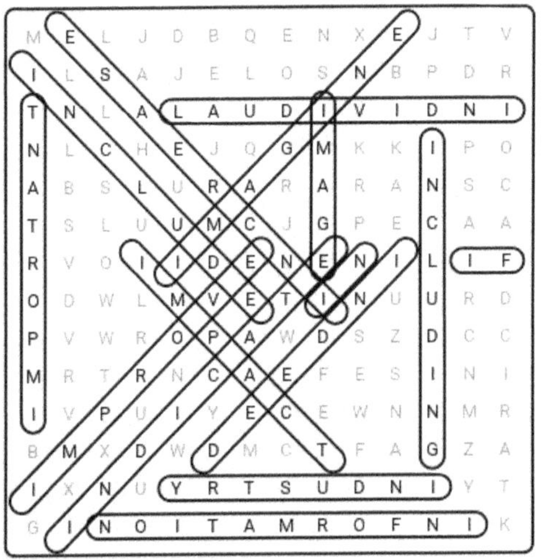

Lista de palabras 28

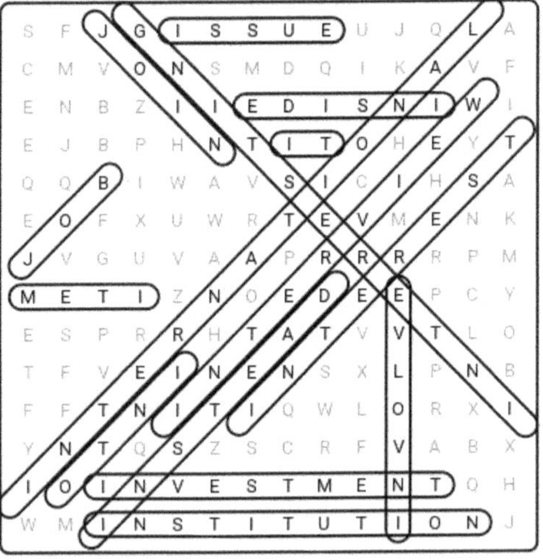

Lista de palabras 29

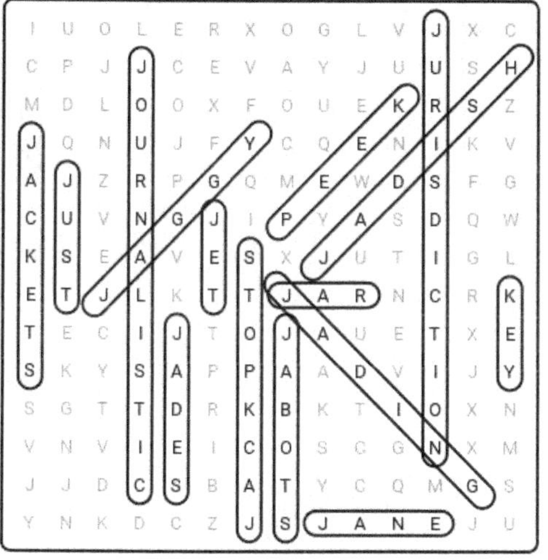

Lista de palabras 30

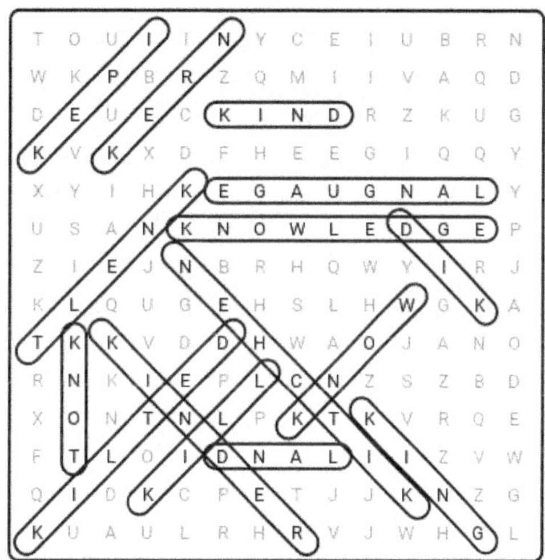

Lista de palabras 31

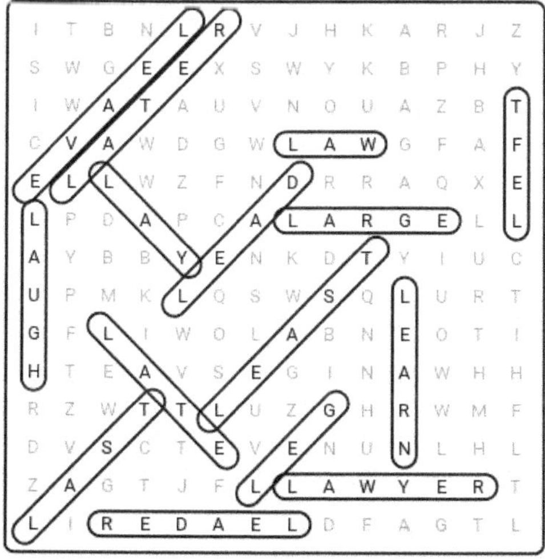

Lista de palabras 32

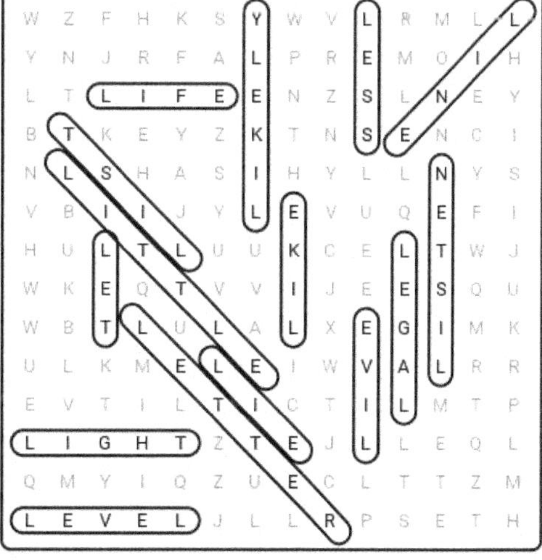

Lista de palabras 33

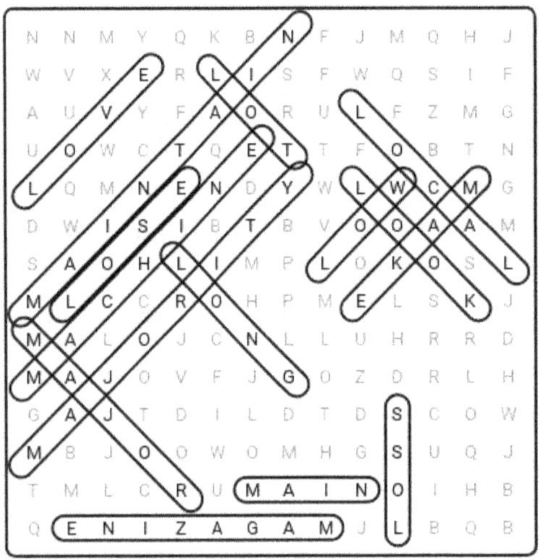

Lista de palabras 34

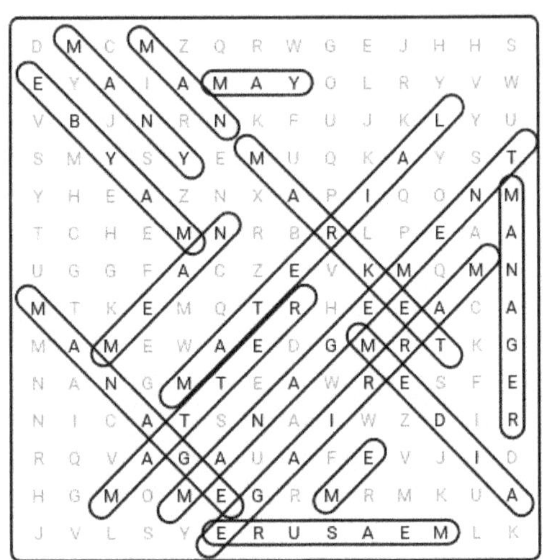

Lista de palabras 35

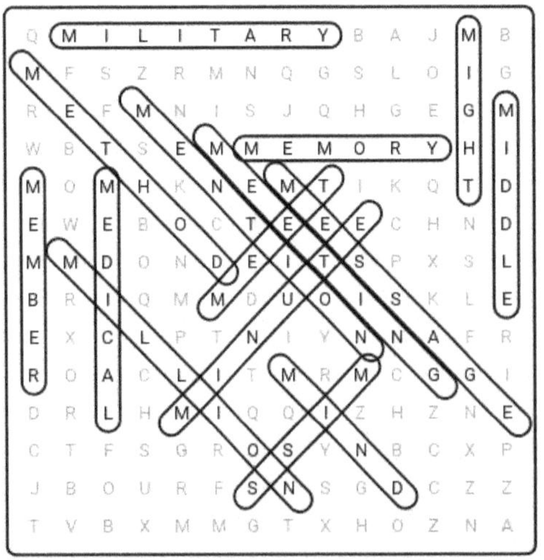

Lista de palabras 36

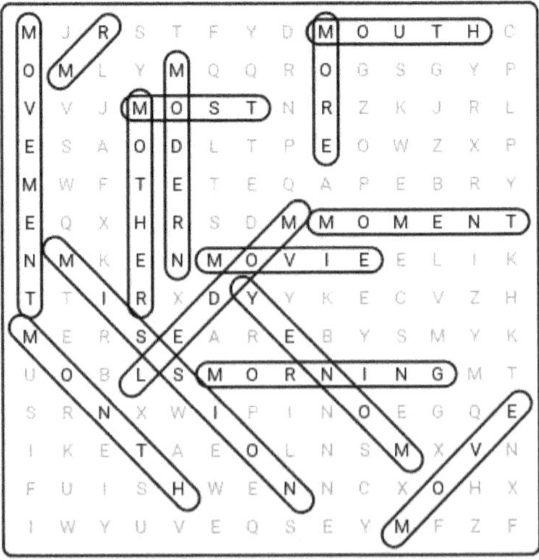

Lista de palabras 37

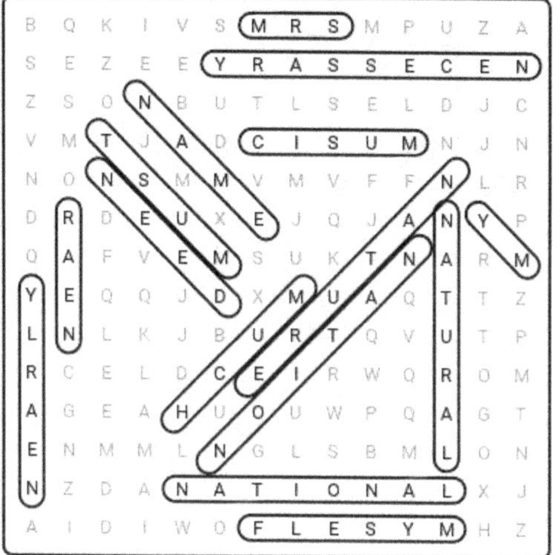

Lista de palabras 38

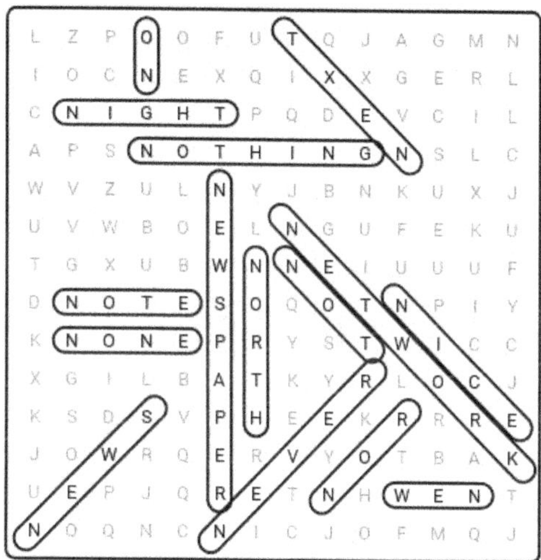

Lista de palabras 39

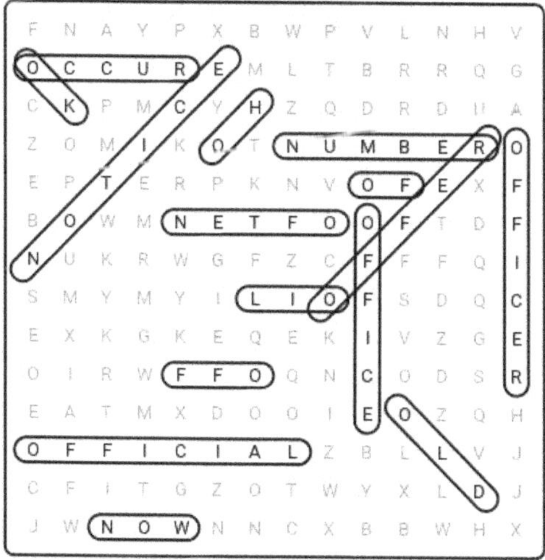

Lista de palabras 40

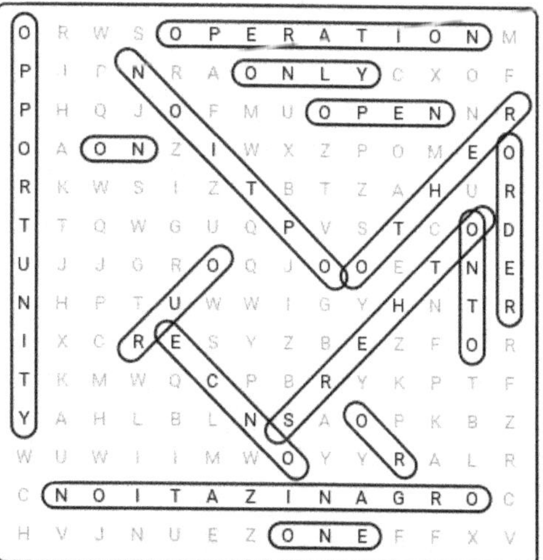

Lista de palabras 41

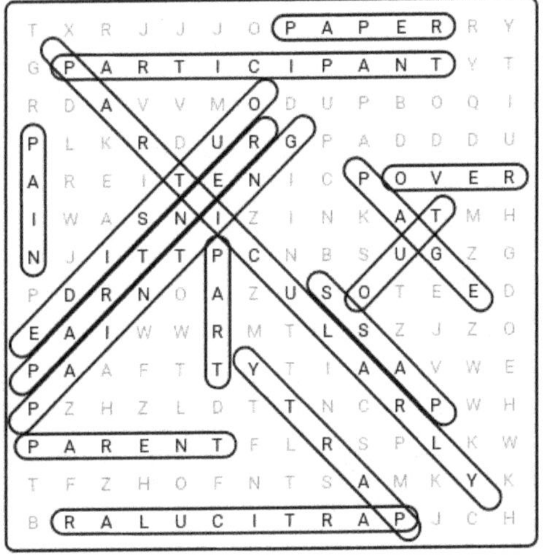

Lista de palabras 42

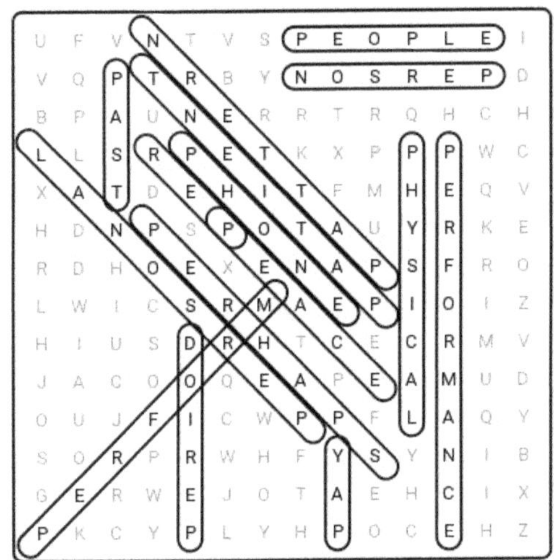

Lista de palabras 43

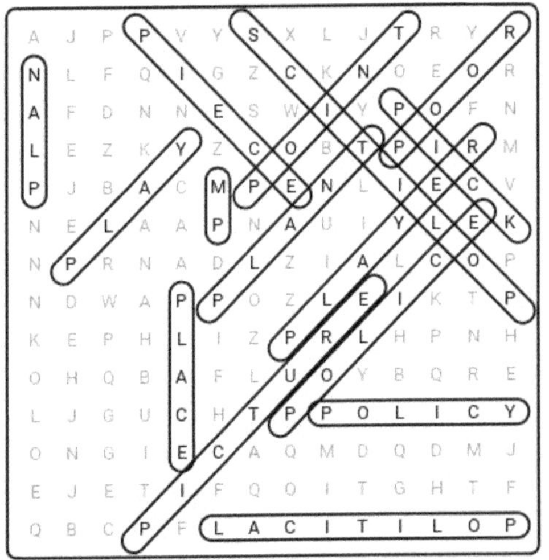

Lista de palabras 44

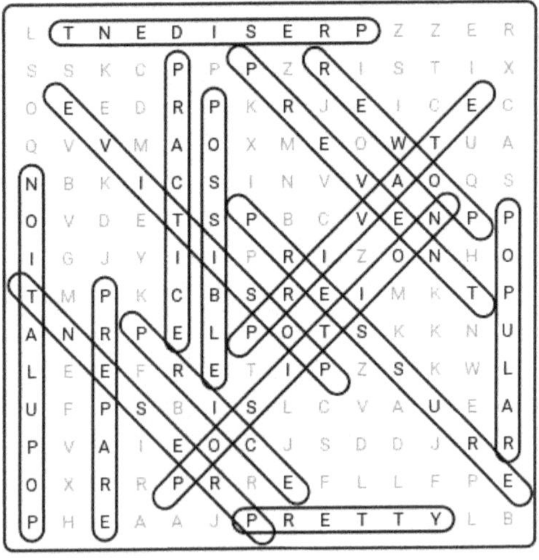

Lista de palabras 45

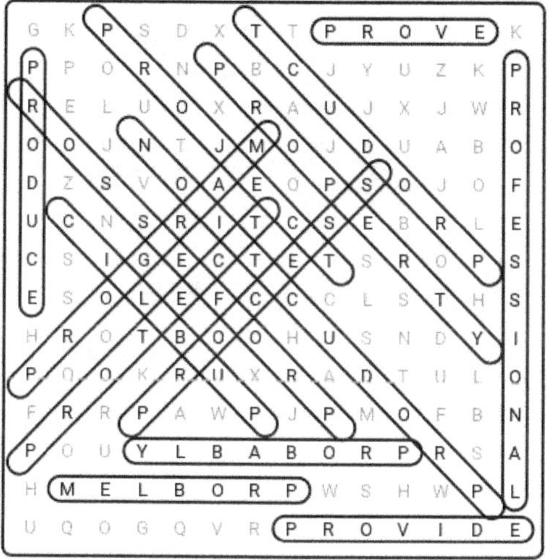

Lista de palabras 46

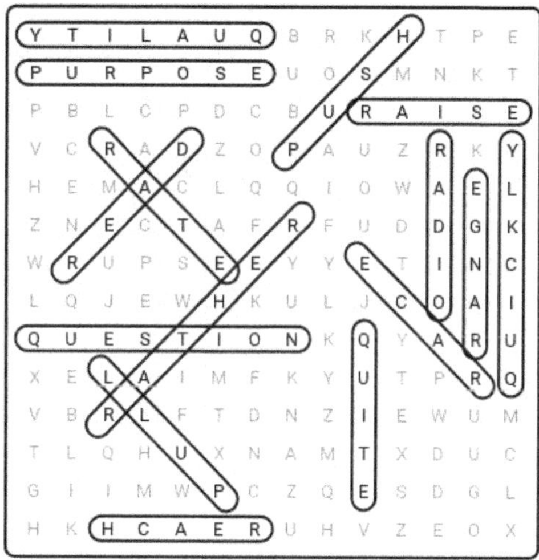

Lista de palabras 47

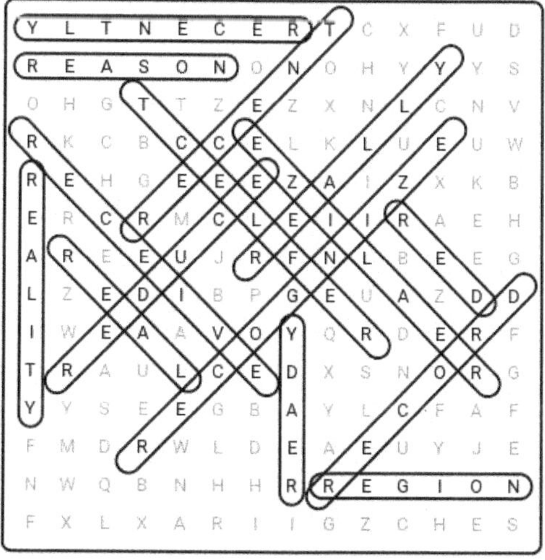

Lista de palabras 48

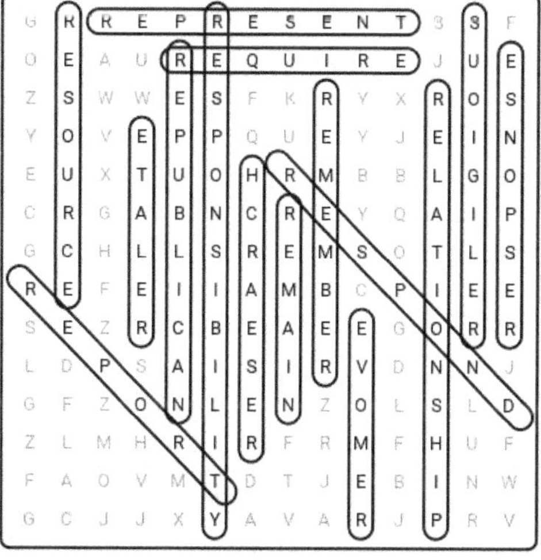

Lista de palabras 49

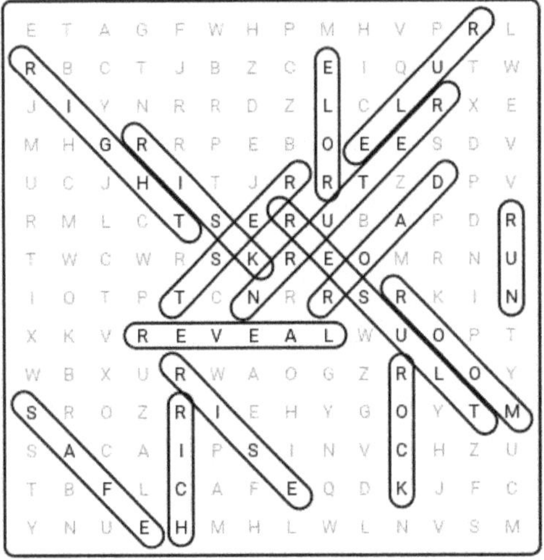

Lista de palabras 50

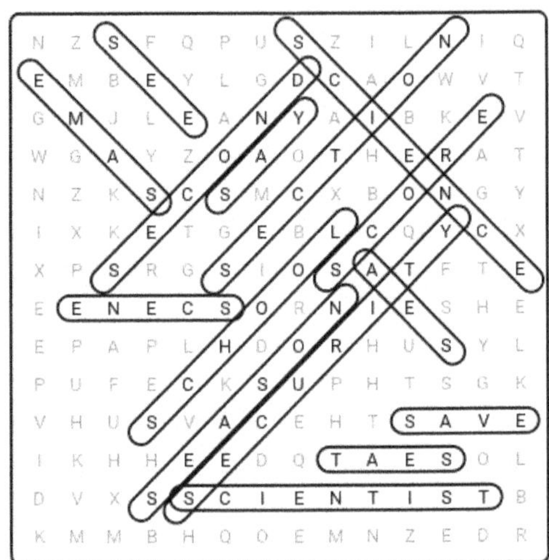

Lista de palabras 51

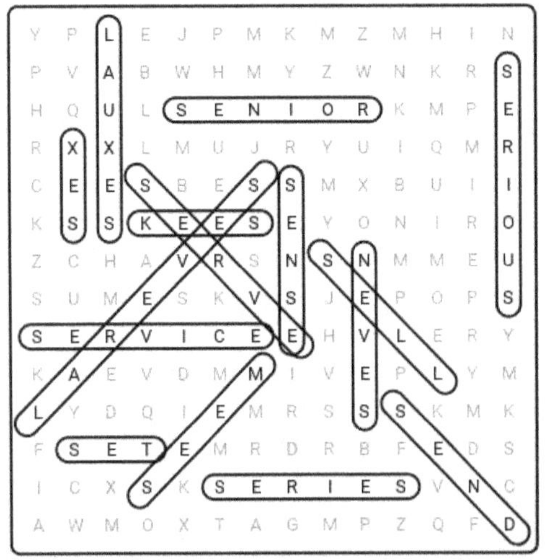

Lista de palabras 52

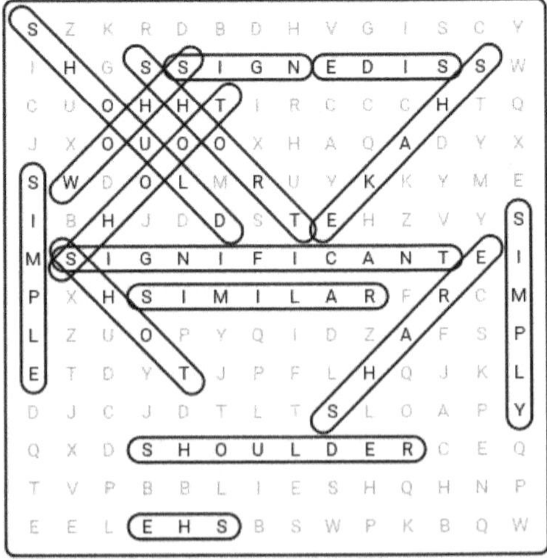

Lista de palabras 53

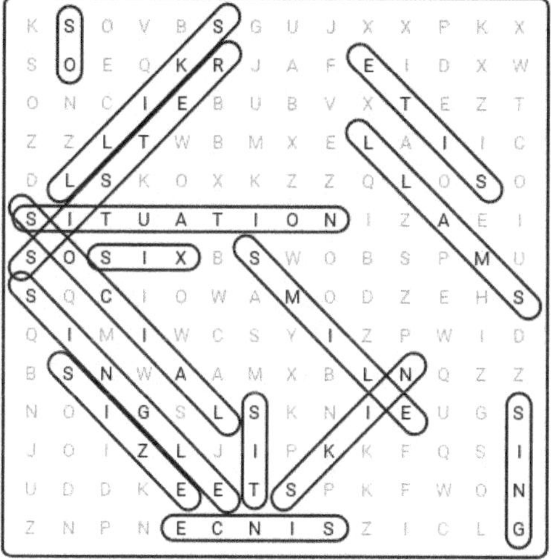

Lista de palabras 54

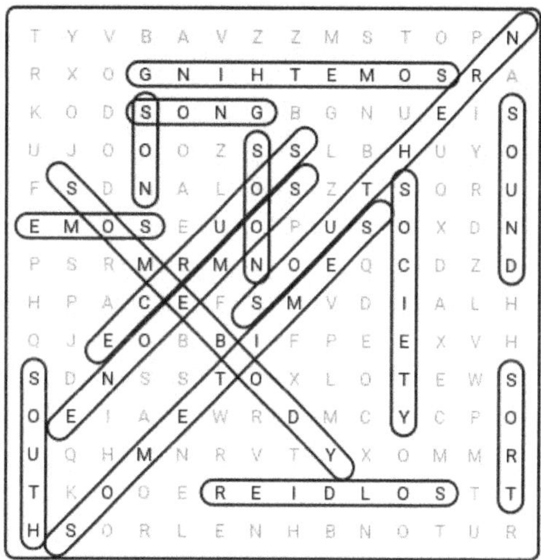

Lista de palabras 55

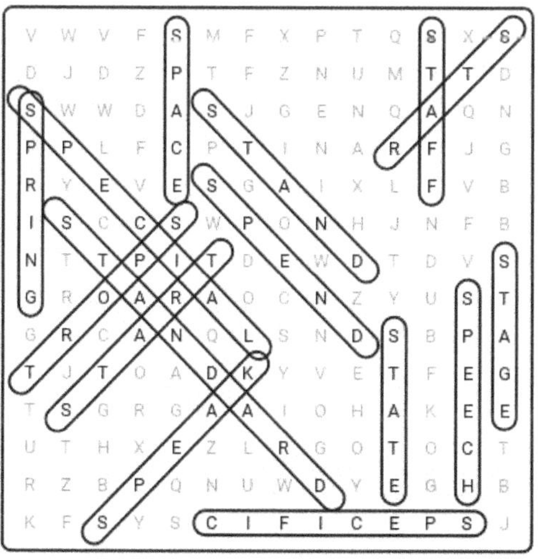

Lista de palabras 56

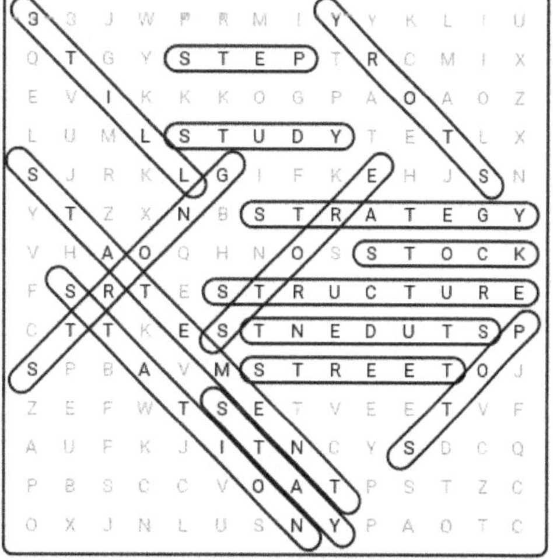

Lista de palabras 57

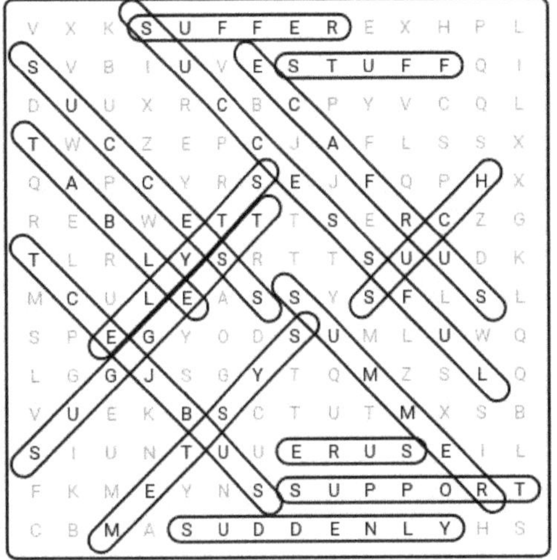

Lista de palabras 58

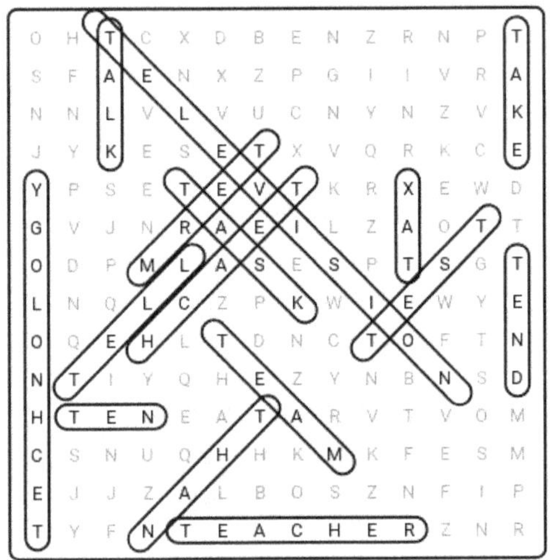

Lista de palabras 59

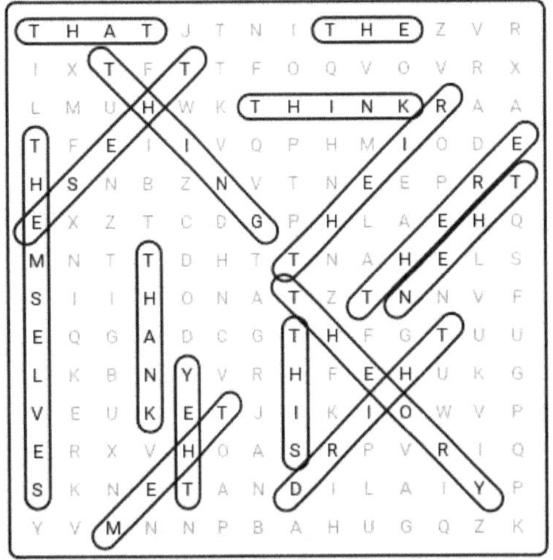

Lista de palabras 60

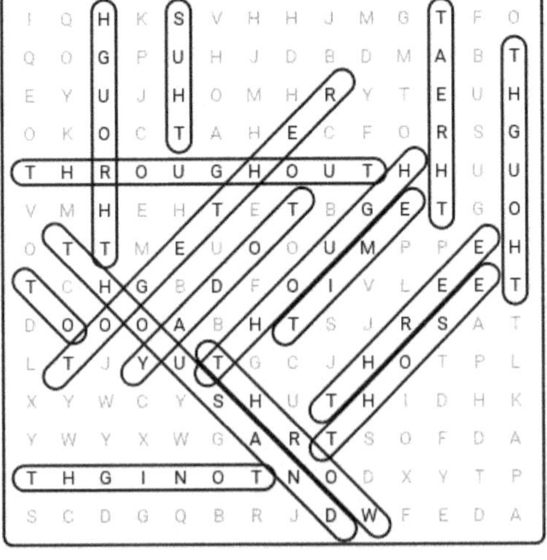

Lista de palabras 61

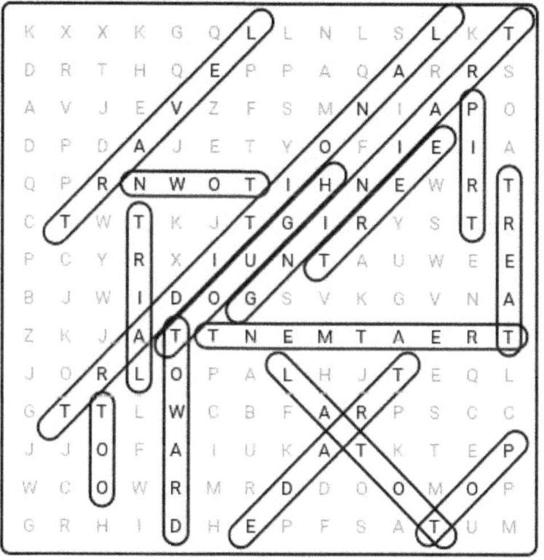

Lista de palabras 62

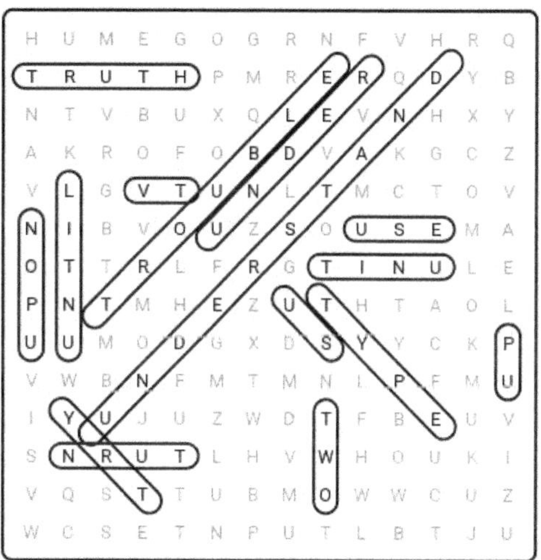

Lista de palabras 63

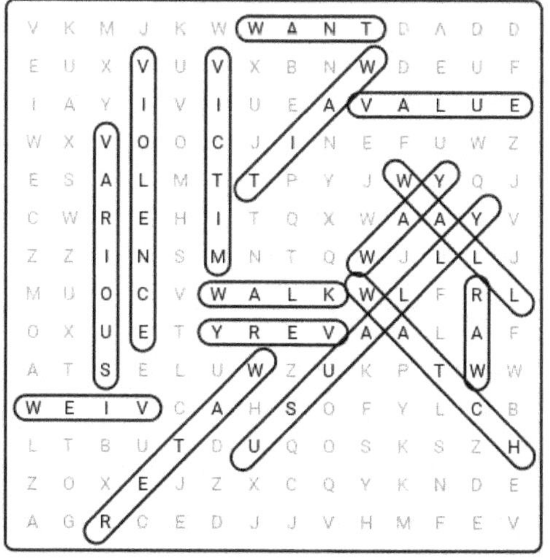

Lista de palabras 64

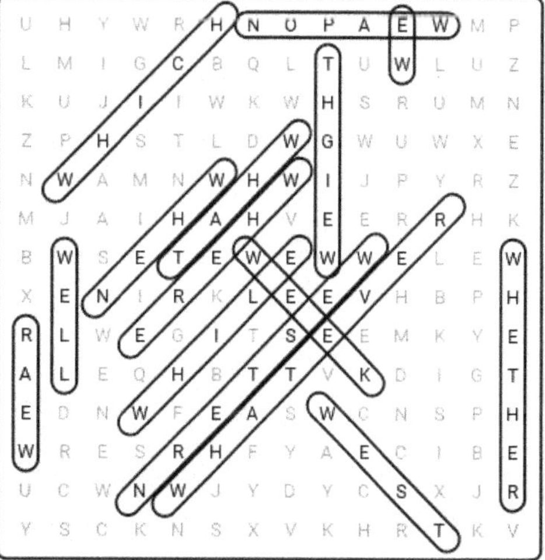

Lista de palabras 65

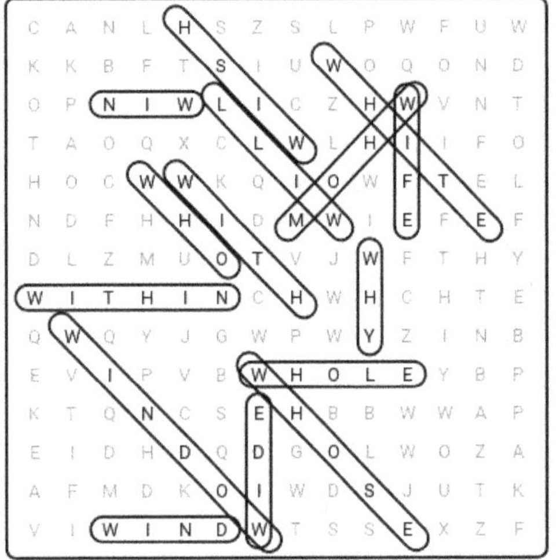

Lista de palabras 66

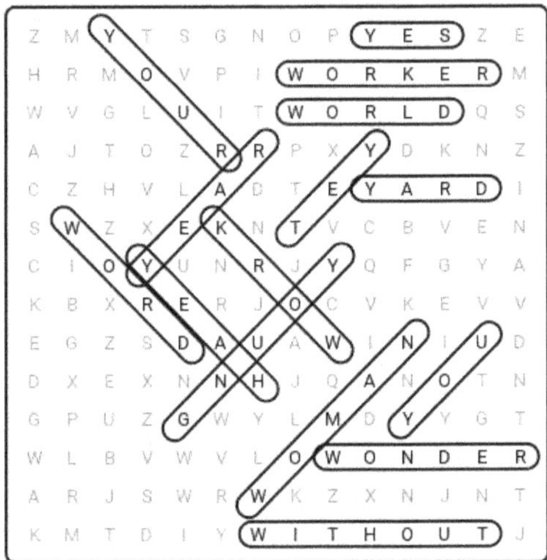

Léxico

ability	capacidad	allow	permitir
able	poder	almost	casi
about	acerca de	alone	solo
above	encima	along	a lo largo
accept	aceptar	already	ya
according	conforme	also	además
account	cuenta	although	a pesar de que
across	a través de	always	siempre
act	Actuar	American	americano
action	acción	among	entre
activity	actividad	amount	cantidad
actually	Realmente	analysis	análisis
add	añadir	and	y
address	habla a	animal	animal
administration	administración	another	otro
admit	admitir	answer	responder
adult	adulto	any	ninguna
affect	afectar	anyone	nadie
after	después	anything	cualquier cosa
again	otra vez	appear	Aparecer
against	en contra	apply	aplicar
age	años	approach	Acercarse
agency	agencia	area	zona
agent	agente	argue	discutir
ago	hace	arm	brazo
agree	de acuerdo	around	alrededor
agreement	acuerdo	arrive	llegar
ahead	adelante	art	Arte
air	aire	article	artículo
all	todas	artist	artista

as	como	behind	detrás
ask	pedir	believe	creer
assume	asumir	benefit	beneficio
at	a	best	mejor
attack	ataque	better	mejor
attention	atención	between	Entre
attorney	abogado	beyond	más allá
audience	audiencia	big	grande
author	autor	bill	cuenta
authority	autoridad	billion	mil millones
available	disponible	bit	poco
avoid	evitar	black	negro
away	lejos	blood	sangre
baby	bebé	blue	azul
back	espalda	board	tablero
bad	malo	body	cuerpo
bag	bolso	book	libro
ball	pelota	born	nacido
bank	banco	both	ambos
bar	bar	box	caja
base	base	boy	niño
be	ser	break	romper
beat	golpear	bring	traer
beautiful	hermoso	brother	hermano
because	porque	budget	presupuesto
become	volverse	build	construir
bed	cama	building	edificio
before	antes de	business	negocio
begin	empezar	but	pero
behavior	comportamiento	buy	comprar

by	por	choice	elección
call	llamada	choose	escoger
camera	cámara	church	Iglesia
campaign	Campaña	citizen	ciudadano
can	pueden	city	ciudad
cancer	cáncer	civil	civil
candidate	candidato	claim	Reclamación
capital	capital	class	clase
car	coche	clear	claro
card	tarjeta	clearly	claramente
care	cuidado	close	cerca
career	carrera	coach	entrenador
carry	llevar	cold	frío
case	caso	collection	colección
catch	captura	college	Universidad
cause	porque	color	color
cell	celda	come	ven
center	centrar	commercial	comercial
central	central	common	común
century	siglo	community	comunidad
certain	cierto	company	empresa
certainly	ciertamente	compare	comparar
chair	silla	computer	computadora
challenge	desafío	concern	preocupación
chance	oportunidad	condition	condición
change	cambio	conference	conferencia
character	personaje	Congress	Congreso
charge	cargar	consider	considerar
check	cheque	consumer	consumidor
child	niño	contain	Contiene

continue	Seguir	degree	la licenciatura
control	controlar	Democrat	Demócrata
cost	costo	democratic	democrático
could	podría	describe	describir
country	país	design	diseño
couple	Pareja	despite	A pesar de
course	curso	detail	detalle
court	Corte	determine	determinar
cover	cubrir	develop	desarrollar
create	crear	development	desarrollo
crime	crimen	die	morir
cultural	cultural	difference	diferencia
culture	cultura	different	diferente
cup	taza	difficult	difícil
current	Actual	dinner	cena
customer	cliente	direction	dirección
cut	cortar	director	director
dark	oscuro	discover	descubrir
data	datos	discuss	discutir
daughter	hija	discussion	discusión
day	día	disease	enfermedad
dead	muerto	do	hacer
deal	acuerdo	doctor	médico
death	muerte	dog	perro
debate	debate	door	puerta
decade	década	down	abajo
decide	decidir	draw	dibujar
decision	decisión	dream	sueño
deep	profundo	drive	conducir
defense	defensa	drop	soltar

drug	droga	event	evento
during	durante	ever	nunca
each	cada	every	cada
early	temprano	everybody	todos
east	este	everyone	todos
easy	fácil	everything	todo
eat	comer	evidence	evidencia
economic	económico	exactly	exactamente
economy	economía	example	ejemplo
edge	borde	executive	ejecutivo
education	educación	exist	existe
effect	efecto	expect	esperar
effort	esfuerzo	experience	experiencia
eight	ocho	expert	experto
either	ya sea	explain	explique
election	elección	eye	ojo
else	más	face	cara
employee	empleado	fact	hecho
end	fin	factor	factor
energy	energía	fail	fallar
enjoy	disfrutar	fall	otoño
enough	suficiente	family	familia
enter	entrar	far	lejos
entire	todo	fast	rápido
environment	medio ambiente	father	padre
environmental	ambiental	fear	temor
especially	especialmente	federal	federal
establish	establecer	feel	sensación
even	incluso	feeling	sensación
evening	noche	few	pocos

field	campo	four	cuatro
fight	lucha	free	gratis
figure	figura	friend	amigo
fill	llenar	from	desde
film	película	front	frente
final	final	full	lleno
finally	finalmente	fund	fondo
financial	financiero	future	futuro
find	encontrar	game	juego
fine	multa	garden	jardín
finger	dedo	gas	gas
finish	terminar	general	general
fire	fuego	generation	Generacion
firm	firma	get	obtener
first	primero	girl	niña
fish	pez	give	dar
five	cinco	glass	vaso
floor	suelo	go	Vamos
fly	volar	goal	objetivo
focus	atención	good	bueno
follow	seguir	government	gobierno
food	comida	great	estupendo
foot	pie	green	verde
for	para	ground	suelo
force	fuerza	group	grupo
foreign	exterior	grow	crecer
forget	olvidar	growth	crecimiento
form	formar	guess	adivinar
former	ex	gun	pistola
forward	adelante	guy	chico

hair	pelo	hotel	hotel
half	medio	hour	hora
hand	mano	house	casa
hang	colgar	how	cómo
happen	ocurrir	however	sin embargo
happy	feliz	huge	enorme
hard	difícil	human	humano
have	tener	hundred	cien
he	él	husband	marido
head	cabeza	I	yo
health	salud	idea	idea
hear	oír	identify	identificar
heart	corazón	if	si
heat	calor	image	imagen
heavy	pesado	imagine	imagina
help	ayuda	impact	impacto
her	su	important	importante
here	aquí	improve	mejorar
herself	sí misma	in	en
high	alto	include	incluir
him	él	including	incluso
himself	él mismo	increase	incrementar
his	su	indeed	en efecto
history	historia	indicate	indicar
hit	golpear	individual	individual
hold	sostener	industry	industria
home	casa	information	información
hope	esperanza	inside	dentro
hospital	hospital	instead	en lugar
hot	caliente	institution	institución

interest	interesar	law	ley
interesting	interesante	lawyer	abogado
international	internacional	lay	laico
interview	entrevista	lead	dirigir
into	dentro	leader	líder
investment	inversión	learn	aprender
involve	involucrar	least	menos
issue	problema	leave	salir
it	eso	left	izquierda
item	articulo	leg	pierna
its	sus	legal	legal
itself	sí mismo	less	Menos
job	trabajo	let	dejar
join	unirse	letter	letra
just	sólo	level	nivel
keep	mantener	lie	mentira
key	llave	life	vida
kid	niño	light	ligero
kill	matar	like	me gusta
kind	tipo	likely	probable
kitchen	cocina	line	línea
know	saber	list	lista
knowledge	conocimiento	listen	escucha
land	tierra	little	pequeño
language	idioma	live	En Vivo
large	grande	local	local
last	último	long	largo
late	tarde	look	Mira
later	más tarde	lose	perder
laugh	risa	loss	pérdida

lot	lote	mention	mencionar
love	amor	message	mensaje
low	bajo	method	método
machine	máquina	middle	medio
magazine	revista	might	podría
main	principal	military	militar
maintain	mantener	million	millón
major	mayor	mind	mente
majority	mayoria	minute	minuto
make	hacer	miss	pierda
man	hombre	mission	misión
manage	gestionar	model	modelo
management	administración	modern	moderno
manager	gerente	moment	momento
many	muchos	money	dinero
market	mercado	month	mes
marriage	matrimonio	more	más
material	material	morning	Mañana
matter	importar	most	más
may	mayo	mother	madre
maybe	tal vez	mouth	boca
me	yo	move	moverse
mean	media	movement	movimiento
measure	medida	movie	película
media	medios	Mr	Señor
medical	médico	Mrs	señora
meet	reunirse	much	mucho
meeting	reunión	music	música
member	miembro	must	debe
memory	memoria	my	mi

myself	yo mismo	of	de
name	nombre	off	apagado
nation	nación	offer	oferta
national	nacional	office	oficina
natural	natural	officer	oficial
nature	naturaleza	official	oficial
near	cerca	often	a menudo
nearly	casi	oh	Oh
necessary	necesario	oil	petróleo
need	necesitar	ok	Okay
network	red	old	antiguo
never	Nunca	on	en
new	nuevo	once	una vez
news	Noticias	one	uno
newspaper	periódico	only	solamente
next	siguiente	onto	sobre
nice	bonito	open	abierto
night	noche	operation	operación
no	No	opportunity	oportunidad
none	ninguna	option	opción
nor	ni	or	o
north	norte	order	orden
not	no	organization	organización
note	Nota	other	otro
nothing	nada	others	otros
notice	darse cuenta	our	nuestra
now	ahora	out	afuera
n't	Nuevo Testamento	outside	fuera de
number	número	over	encima
occur	ocurrir	own	propio

owner	propietario	piece	pedazo
page	página	place	sitio
pain	dolor	plan	plan
painting	pintura	plant	planta
paper	papel	play	tocar
parent	padre	player	jugador
part	parte	PM	PM
participant	partícipe	point	punto
particular	especial	police	policía
particularly	particularmente	policy	política
partner	compañero	political	político
party	fiesta	politics	política
pass	pasar	poor	pobre
past	pasado	popular	popular
patient	paciente	population	población
pattern	patrón	position	posición
pay	pagar	positive	positivo
peace	paz	possible	posible
people	personas	power	poder
per	por	practice	práctica
perform	realizar	prepare	preparar
performance	actuación	present	presente
perhaps	quizás	president	presidente
period	período	pressure	presión
person	persona	pretty	bonita
personal	personal	prevent	evitar
phone	teléfono	price	precio
physical	físico	private	privado
pick	recoger	probably	probablemente
picture	imagen	problem	problema

process	proceso	real	real
produce	Produce	reality	realidad
product	producto	realize	darse cuenta de
production	producción	really	De Verdad
professional	profesional	reason	razón
professor	profesor	receive	recibir
program	programa	recent	reciente
project	proyecto	recently	recientemente
property	propiedad	recognize	reconocer
protect	proteger	record	grabar
prove	probar	red	rojo
provide	proporcionar	reduce	reducir
public	público	reflect	reflejar
pull	Halar	region	región
purpose	propósito	relate	relacionar
push	empujar	relationship	relación
put	poner	religious	religioso
quality	calidad	remain	permanecer
question	pregunta	remember	recuerda
quickly	con rapidez	remove	eliminar
quite	bastante	report	reporte
race	raza	represent	representar
radio	radio	Republican	Republicano
raise	aumento	require	exigir
range	rango	research	investigación
rate	Velocidad	resource	recurso
rather	más bien	respond	responder
reach	alcanzar	response	respuesta
read	leer	responsibility	responsabilidad
ready	Listo	rest	descanso

result	resultado	seem	parecer
return	regreso	sell	vender
reveal	revelar	send	enviar
rich	Rico	senior	mayor
right	derecho	sense	sentido
rise	subir	series	serie
risk	riesgo	serious	grave
road	la carretera	serve	servir
rock	rock	service	Servicio
role	papel	sct	conjunto
room	habitación	seven	Siete
rule	regla	several	varios
run	correr	sex	sexo
safe	seguro	sexual	sexual
same	mismo	shake	sacudir
save	salvar	share	compartir
say	decir	she	ella
scene	escena	shoot	disparar
school	colegio	short	corto
science	Ciencias	shot	Disparo
scientist	científico	should	debería
score	Puntuación	shoulder	hombro
sea	mar	show	show
season	temporada	side	lado
seat	asiento	sign	firmar
second	segundo	significant	significativo
section	sección	similar	similar
security	seguridad	simple	simple
see	ver	simply	simplemente
seek	buscar	since	ya que

sing	canta	speak	hablar
single	soltero	special	especial
sister	hermana	specific	específico
sit	sentar	speech	habla
site	sitio	spend	gastar
situation	situación	sport	deporte
six	seis	spring	primavera
size	Talla	staff	personal
skill	habilidad	stage	etapa
skin	piel	stand	estar
small	pequeña	standard	estándar
smile	sonreír	star	estrella
so	entonces	start	comienzo
social	social	state	estado
society	sociedad	statement	declaración
soldier	soldado	station	estación
some	algunos	stay	permanecer
somebody	alguien	step	paso
someone	alguien	still	todavía
something	alguna cosa	stock	valores
sometimes	a veces	stop	detener
son	hijo	store	Tienda
song	canción	story	historia
soon	pronto	strategy	estrategia
sort	ordenar	street	calle
sound	sonido	strong	fuerte
source	fuente	structure	estructura
south	sur	student	estudiante
southern	meridional	study	estudiar
space	espacio	stuff	cosas

style	estilo	that	ese
subject	tema	the	la
success	éxito	their	su
successful	exitoso	them	ellos
such	tal	themselves	sí mismos
suddenly	repentinamente	then	luego
suffer	sufrir	theory	teoría
suggest	sugerir	there	allí
summer	verano	these	estas
support	apoyo	they	ellos
sure	Por supuesto	thing	cosa
surface	superficie	think	pensar
system	sistema	third	tercero
table	mesa	this	esta
take	tomar	those	aquellos
talk	hablar	though	aunque
task	tarea	thought	pensamiento
tax	impuesto	thousand	mil
teach	enseñar	threat	amenaza
teacher	profesor	three	Tres
team	equipo	through	mediante
technology	tecnología	throughout	en todo
television	televisión	throw	lanzar
tell	contar	thus	así
ten	diez	time	hora
tend	tender	to	a
term	término	today	hoy
test	prueba	together	juntos
than	que	tonight	esta noche
thank	gracias	too	también

top	parte superior	usually	generalmente
total	total	value	valor
tough	difícil	various	varios
toward	hacia	very	muy
town	pueblo	victim	víctima
trade	comercio	view	ver
traditional	tradicional	violence	violencia
training	formación	visit	visitar
travel	viaje	voice	voz
treat	tratar	vote	votar
treatment	tratamiento	wait	Espere
tree	árbol	walk	caminar
trial	juicio	wall	pared
trip	viaje	want	desear
trouble	problema	war	guerra
true	cierto	watch	reloj
truth	verdad	water	agua
try	tratar	way	camino
turn	giro	we	nosotros
TV	televisión	weapon	arma
two	dos	wear	vestir
type	tipo	week	semana
under	debajo	weight	peso
understand	entender	well	bien
unit	unidad	west	Oeste
until	hasta	western	occidental
up	arriba	what	qué
upon	sobre	whatever	lo que sea
us	nos	when	cuando
use	utilizar	where	dónde

whether	si	yard	yarda
which	cual	yeah	Si
while	mientras	year	año
white	blanco	yes	si
who	OMS	yet	todavía
whole	todo	you	tú
whom	quién	young	joven
whose	cuyo	your	tu
why	por qué	yourself	usted mismo
wide	amplio		
wife	esposa		
will	será		
win	ganar		
wind	viento		
window	ventana		
wish	deseo		
with	con		
within	dentro		
without	sin		
woman	mujer		
wonder	preguntarse		
word	palabra		
work	trabajo		
worker	trabajador		
world	mundo		
worry	preocupación		
would	haría		
write	escribir		
writer	escritor		
wrong	incorrecto